面白いほど願いが叶い

お金持ち体質になる

超実践術

現実主義スピリチュアルカウンセラー KIKO

扶桑社

はじめに

お金の不安から自由になるとき

お金のことを考えると心がザワザワする、胸が締めつけられるような感覚を覚える……そんなことはありませんか？

それは将来への漠然とした不安かもしれません。今の生活を変えたいという切実な思いかもしれません。あるいは、なぜかお金が手元に残らない現実への焦りかもしれません。

私は、現実主義スピリチュアルカウンセラーとしてYouTubeやSNSなどで活動をしているKIKOと申します。

私の元に寄せられる相談で本当に多いのが、ここで挙げたようなお金についての不安・焦りです。興味深いのは、このような相談をされる方々の中には、決して経済的に困窮しているわけではない方も多いということ。

では、なぜそんなにお金のことで悩むのか。

その答えは、**その人の「潜在意識」の中に隠れている「お金のブロック」**。

詳しくは本文で解説しますが、その人のこれまでの人生の中で知らず知らずのうちに形成された、お金に対するネガティブな思い込みが、不安や焦りを生み、願いの実現を妨げているのです。

本書では、「お金のブロック」の正体と、それを外していく具体的な方法をお伝えしていきます。**「掘り下げ」と「バンジー」という二つの手法**を使って、あなたの中にある思い込みを解き放っていきましょう。

それは、勇気のいることかもしれません。

でも、その分だけ確実な変化が待っています。

お金は、私たちの気持ちや向き合い方に驚くほど敏感に反応します。あなたが心を開けば開くほど、お金も応えてくれる。

それが悦びの循環を生み出し、さらなる豊かさへとつながっていくのです。

あなたも一緒に、望み通りの「お金持ち体質」になっていきましょう。

KIKO

CONTENTS

CONTENTS

CONTENTS

お金持ち体質になる超実践術

CONTENTS

第1章

お金は
もっとやさしい

――思い込みから自由になると現実が動き出す

お金の悩みには、必ず理由がある

日々、ＹｏｕＴｕｂｅやスクールを通してたくさんの方のお悩みを聞かせていただいている私ですが、中でも驚くほど多いのがお金の話題。みなさん、お金に関して本当にいろいろな不安や迷いを抱えていらっしゃいます。

「気づくとお金が出ていってしまう……」
「叶えたい夢があるのに、お金が足りなくて」
「どうしても稼げるようになれない」
「いくらがんばっても貯金ができない」

こんなふうに、あなたが「もっとお金がほしい」と思っているのに、なかなかうまくいかないのはなぜなのでしょうか。

それは、あなたの**無自覚の意識・潜在意識の中に、何かしらお金に対するネガティブな思い込み（＝潜在意識のブロック）があるから**だといえます。


「お金をたくさん持つと、今の自分じゃなくなってしまいそう……」

「お金が貯まると、なぜか罪悪感が湧いてくる」

「せっかくお金を手に入れても、すぐになくなってしまうに違いない」

「貯金って、我慢ばっかりで息苦しい」

「お金持ちは別世界の人。私には関係ない」


実は、こういった思い込みは、その人の人生経験、とくに幼い頃の経験からくることが多いのです。

たとえば、小さい頃にお年玉を自由に使わせてもらえなかった方は、「お金は自分の手元には残らないもの」という感覚を持ちやすい。せっかくもらったお金が、結局は自分のものにならなかった――そんな経験が、お金への不信感になっているかもしれません。

また、自叙伝『ホームレス中学生』の作者であるお笑いコンビ・麒麟の田村裕さんのように、ある日生活が一変し、強烈な苦労体験をすることになった方もいます。そういう方は「お金はいつか突然なくなってしまうもの」と不安を抱えがちで、その結果「だったらあるうちに使ってしまおう」と考えてしまいがちです。

「稼げない」という悩みにも、実はいろいろな理由が隠れています。子どもの頃、お父さんが仕事ばかりで、お母さんが寂しそうだった――そんな家庭で育った方は、「たくさん稼ぐと、大切な人との時間が減ってしまう」と思い込んでいることも。

また、周りがあまりお金を稼いでいない環境で育つと、稼ぐことを「特別な人だけができること」と思いがちに。「稼いでいる人がうらやましいです。でも私には無理……」と最初から諦めてしまうのです。

興味深いのは、**「将来が不安」という同じ悩みを持っている人でも、それに対する行動・考えが人それぞれ違う**こと。

「未来がわからないからこそ、とにかく貯金していこう」と考える方もいれば、「将来なんてわからないし、今、お金を使っておこう」という方も。この違いもすべて、その人の人生経験が反映された潜在意識がつくりだしています。

自己肯定感と稼ぐことの密接な関係

お金に関する価値観は育った環境の影響が大きいとお話ししてきましたが、実はもう一つ大切な要素があります。それは**「自己肯定感」**です。自己肯定感＝自分が豊かになってもいいという許可の量ともいえます。

「自分なんて……」

「私にはどうせ無理」

そんなふうに思っている方が、なかなか稼げない・貯められないのには理由があるんです。これには大きく二つのパターンがあります。

一つ目は、**「どうせ私には無理だから、やらない」というように、最初から行動を回避してしまうことが多い**パターン。このような方たちは、失敗したくないから、そもそもチャレンジしない方向に進んでしまう。そうすると、なかなかお金を稼ぐ・貯めるところまでたどり着けません。

二つ目のパターンは、自己肯定感が低いからこそがんばろうと考える方。このような方は稼ぐことはできるのですが、**自己肯定感が低いために他人の目を気にしてお金を使ってしまったり、罪悪感からお金を使ってしまい、無駄な出費が増えがち。なかなかお金が手元に残らない**のです。

一方で、自己肯定感が高い人は、自分に合った仕事を選び、楽しみながら働くことができるので、自然と収入もアップ。お金を使うときも自分軸で、悦びの多い使い方ができます。すると、**お金が巡ってさらに入ってくるというプラスの循環**が生まれます。

お金持ち体質になるためには、単に「収入を増やす」とか「節約する」といった行動をすればいいわけではありません。

自分の心がこれまでつくりあげてきたネガティブな思い込みと向き合い、意識を変えていく必要があります。それは、ちょっと面倒で、大変なことかもしれません。

でも、取り組んだ分だけ、現実が変わっていきます。本書でじっくりと解説していきますので、一緒にやってみましょう。

きっと、だんだん楽しくなってくるはずです。

お給料は我慢料じゃない
――気づけば、価値は誰にでもつくれる

お給料は「我慢料」だ。なんて言葉、昔からありますよね。

「楽しく稼ぐなんてありえない」

「お金は、つらいことを我慢した分の対価」

そんなふうに考えている方も少なくありません。


でも、私にとってのお金との出会いは、少し違った形でした。


それは中学生のときのこと。親との関係があまりよくなくて、私はお小遣いをもらえない状況でした。

でも、友だちと遊びに行きたい、ほしいものもある。

「どうにかしてお金を稼げないかな」そう考えた私は、当時ちょっとだけ流

行っていたネットフリマに挑戦することにしました。

文房具とかキャラクターグッズとか、使わなくなったものを写真つきで出品して、自分で値段を決めて売る。今ではネットフリマも広まって、当たり前のようにみなさんが使っていますが、その頃はまだ珍しかったんです。

でも、1点売れても200円程度。何カ月もがんばって、ようやく1000円貯まる……。その程度でした。

確かにそのときは「お金を稼ぐって、すっごく大変」と思っていました。

でも、それがあったからこそ、高校生になって初めて時給850円のバイトを始めたとき、衝撃を受けました。

「お金を稼ぐって、なんて簡単なんだろう！」

って。1時間そこにいるだけで850円。研修期間なんて、まだ何の価値も生み出していないのに、むしろ教えてもらっているだけなのにお金がもらえる。

社会の中でお金を稼ぐって、自分が思っていたよりもずっと簡単なんだと気づいたんです。

さらに驚いたのは、バイト先のお客さまからの「ありがとう」という言葉。学生って、部活や勉強をがんばっても、なかなか感謝されることってないですよね。

でも、ここでは感謝してもらえる。ただ料理を運んだだけでも「ありがとう」って言ってもらえて、しかもお金までもらえる。

これって、よく考えるとすごいことだと思いませんか？

私にとってのお金は**「価値を提供したことへのお礼」**のような存在。

決して我慢の対価でもなく、特別な人だけのものでもない。

誰かの役に立てば、その分だけ自然と返ってくるもの――それが、私の考えるお金なんです。

失敗ばかりだって稼ぐ力は変わらない

お金は価値提供へのお礼だとお話ししました。これって理屈では誰でもわかるはず。ただ、「すごい価値を提供しないと、たいしたお礼はもらえない」と思っている人も少なくありません。

でも、考えてみてください。高校生のバイトが厨房から客席まで料理を1品運ぶだけでも、れっきとした価値提供なんです。

つまり、**価値って誰でも必ず生み出せる**もの。すごい発明をして1億円稼ぐような話じゃなくて、ほんの少しでも、相手の役に立てればいいんです。

ただ、たとえバイトでも、仕事って確かに大変なことが多いですよね。立ち仕事で足が痛くなったり、覚えることがたくさんあったり。お皿を割ったり、注文を間違えたりすれば怒られるし……。

でも私の場合、中学生の頃のフリマ経験があったから、見方が少し違ったかもしれません。いくらがんばってもなかなか売れなかった経験があったから、「出勤さえすれば必ずお金がもらえる」ことに純粋に悦びを感じていました。

バイトをしていた頃の私って、本当に失敗ばかり。仕事も全然覚えられなくて、キッチンなんてできなかったし、お皿もたびたび割っていてよく落込んでいました。でも、そんな私の時給は、一度も下がることはありませんでした。失敗しても、お客さんや店長に迷惑をかけたとしても、お給料は変わらない。

会社員になっても同じことがいえます。拘束される時間の分だけ、確実にお給料がもらえる。これって、見方を変えれば本当にありがたい仕組みかもしれません（今の私は時間で対価をもらう仕事よりも自由な働き方を選んでいますが）。

とくに自己肯定感が低い方は、失敗するたびに「ダメな私」を責めて落ち込みがち。でも、ちょっと考え方を変えてみませんか？

「こんなにできない私なのに、ちゃんとお給料がもらえている」

つまり、あなたは思っているほど「稼げない人」ではないということ。
失敗を恐れすぎなくていい。
できないことがあっても大丈夫。
それでも、あなたはちゃんと「価値」を生み出せているんです。

世の中がだんだんと本質に近づいている

最近では「タイミー」のような、好きな時間に働けるサービスが人気ですよね。履歴書もいらない、隙間時間で働ける……。

これって、実は**世の中が「働くこと」の本質に近づいている**のではないかと思うんです。

考えてみれば、働く側も雇う側も、必要以上の拘束時間は望んでいないはず。お店が忙しいときだけ人手がほしいけれど、シフトが決まっていれば1時間で帰すわけにもいかない。そんなミスマッチが、実はお互いのストレスになっていたのではないでしょうか。

私自身、バイトでも会社員時代でも、「そこにいなければならないのに、仕事がない時間」が一番の苦痛でした。やることもないのになぜ帰れないんだろう……。暇なときの1時間って、本当に長く感じませんか？

逆に、忙しくて、お客さまに「ありがとう」って言われて、あっという間に時間が過ぎていくほうが、やりがいを感じられました。

きっと多くの人が同じように感じているはず。**誰かに必要とされず、何の価値も提供できていないのに、ただそこにいなければいけない時間ほど虚しいものはありません。**

選択肢は無数にある

今、世の中は確実に変わってきています。いろいろな働き方が生まれて、それぞれの悩みが少しずつ解消されてきているように思います。

お金って本来、価値提供への対価であり、感謝の形のはず。そして今、私たちにはたくさんの選択肢があります。

暇な時間が好きな人は暇な時間の多い仕事を（たとえば、夜間の警備の仕事とか）、忙しいほうが好きな人は忙しい仕事を（人気店の接客業とか）、人と関わるのが好きな人は接客業・営業職を、ものづくりが好きな人は製造の仕事を。リモートワークが普及したおかげで家でも海外でも仕事ができる。

自分に合った形で価値を提供できる場所が、必ずあるんです。

しかも、パートでもバイトでも会社員でも、誰かに雇われている限り、ちょっとしたミスで簡単にクビになったり、給料が下がったりすることはない。これって、すごく優しいシステムだと思いませんか？

だから正直にいうと、「不景気だから、会社員だから、才能がないから……稼げない」と言っている人を見ると、不思議な気持ちになります。

もしかしたらその人たちは、必要以上に「すごい価値を提供しなきゃ」と思い込んでいるのかもしれない。「自分にはこの仕事しかない」「転職なんてできっこない」そんな思い込みが、実は稼ぐことの邪魔をしているのではないでしょうか。

多様な働き方が広がり、人々のたくさんのニーズに溢れ、人手不足といわれている今の時代、稼ぎにくい世界ではないはず。

ただ、**私たちの思い込みが、自分の可能性を狭めている**だけなんです。

自分に合わない仕事を続けることより、新しい選択肢を探してみる勇気のほうが大切かもしれません。

第1章 まとめ

○ **思うようにお金が入ってこない・貯められないのは……**

・潜在意識の中に、お金に対するネガティブな思い込みがあるから
・ネガティブな感情の多くは、子どもの頃の経験によってつくられる
・自己肯定感とお金は、密接に関係している

○ **誰にでも「稼ぐ力」はある！**

・お給料は我慢料じゃない。「価値を提供したことへのお礼」である
・誰かの役に立てば、お金はその分返ってくる
・「稼ぐ」のハードルは高くない

○ **自分に合った働き方を見つけよう**

・働き方が選べる時代がやってきている。
無限の選択肢から自分に合ったものを選ぼう

第2章

書いて、気づいて、叶えていく

―― ノートが紡ぐ願いの軌跡

ペンが導く、あなたの本当の声

本書では、時折「ノートに書いてみましょう」というワークが登場します。なぜ書くことをおすすめしているかというと、書くことで見えてくるものがたくさんあるから。

この章では、「書くこと」の意味やその力について解説していきます。

私がノートに向かう時間。それは、**自分の内なる声に耳を傾ける時間**です。書くという行為には、不思議な力があると私は思っています。

人って、瞬間瞬間でいろいろなことを考えていますよね。そして、そのほとんどはすぐに忘れてしまう。

でも、それを文字にすることで、**「私、こんなことを思っていたんだ」と、自分のことなのに新鮮な発見がある**のです。

とくにおもしろいのは、**書いているうちに、どんどん深いところにつながっていく**こと。最初は「そんなに気にしていないかな」と思っていたことが、実は「結構気にしていた」ということに気づくなど、自分の内側が可視化されることで、新しい気づきが生まれます。

たとえば、「私、このことで傷ついていたんだ」とか「まだこのことを忘れられていないんだ」とか。**普段の生活では気づきにくい自分の感情が、文字になることで客観的に見えてくる**のです。自分の深いところに向かって掘っていく感覚になるので、私はこれを感情の「掘り下げ」ワークと呼んでいます。

さらに「掘り下げ」には、**物事を深く考えられる**というメリットもあります。

自分の望みを書き出しているときも、嫌な感情を吐き出しているときも、頭の中だけで考えていると、同じことを繰り返し考えてしまいがちです。でも、ノートに書き出せば、思考や感情が整理されてスッキリします。**頭の中**

だけで考えているときには出てこない思考・アイデアがいくつも出てくるから、書くことってやっぱりすごいなと日々実感しています。

矛盾のあるところに「ブロック」がある

書いていくと、自分の中に「矛盾」が現れることもあります。頭の中でグルグル考えているときは気づかないことが多いのですが、文字にして並べてみると、「あれ？」と思うことがある。

たとえば、「お金を稼ぎたい」と書いておきながら、お金について掘り下げて書いていくと、お金に関するネガティブなことばかり出てきたり。

「稼ぎたい」といっている自分は、本当は何を求めているんだろうって。

これ、実は重要な発見です。なぜなら、**こういう矛盾こそが、私たちの中にある「ブロック」のサイン**だから。

自分の中で何かがおかしいとき、必ずどこかで矛盾が生まれる。その矛盾に気づくことができれば、それは変化への第一歩となります。

書くことは、自分との対話です。

気づきの扉を開くカギのようなもの。だから、私はノートを手放せません。「書く」という行為が、大きな変化を生み出すきっかけになるのです。

人は誰でも、自分の中に答えを持っています。

ただ、普段の生活の中では、その声が聞こえにくいだけ。**ペンを持ってノートに向かうとき、その小さな声が、少しずつ、でもはっきりと聞こえてくる**ようになります。

自分で自分を変えられることの証明になる

心の変化って、確かに起こっているのに、目に見えないですよね。

だから変化に気づきにくいのです。

たとえば、以前は5万円のものを買うのにすごく抵抗があって、何日も悩んで、罪悪感を抱いていたとします。でも今は、必要なものなら自然に買えるようになった。**そんな大きな変化が起きていても、不思議なことに、人って「私は元からこうだった」という感覚になってしまう**のです。

こんなことが起こるのは、**私たちの心が潜在意識ごと変わってしまう**から。だから「別に何も変わっていない」という錯覚に陥ってしまいます。

でも、ノートに書き残しておくと、それに気づくことができます。

「このときはこんなことで悩んでいたんだ」
「こんなに罪悪感を抱いていたんだ」
「今の私は、全然違う考え方をしている」

文字として残っている記録は、私たちの変化を確実に教えてくれる。そして、これがとても大切なんです。それは**「自分は変われる」という事実を、目に見える形で教えてくれる**から。

自分で自分を変えられる。その確信は、自己肯定感を上げ、次の変化への大きな原動力になります。

書くことで引き寄せが加速する

自分の願いを書き出すことには、素敵な発見がついてきます。

自分の書いたノートを見返すと**「あ、これ引き寄せてる!」**という瞬間にたびたび出会うことがあります。人の思考は常に変化しているので、過去に願いを込めて書いたことも、時間が経つと忘れてしまいがちなんですよね。

でも、5年前のノートを開くと、

「ああ、あのとき書いたことが今、実現している」

という発見がある。

そんなとき、**今悩んでいることも、きっと乗り越えられる。そんな確信が湧いてくる**のです。

書き残しておくことは、未来の自分へのプレゼント。

自分の成長を、一番近くで見守ってくれる証人になってくれます。

ときには、昔のノートを見て笑ってしまうことも。「理想が今と違いすぎて、誰の話なんだろう」と思うくらい。でも、それはノートを通じて、それだけ多くの願いが叶ってきた証なんです。

そして、おもしろいことに、**自分が引き寄せている、願いが叶っていると いう自覚が深まれば深まるほど、どんどん願いは叶いやすくなっていきま す。**

それは、頭の中だけでふんわり考えているのとは違って、書くことで願い がより具体的に見えるようになるから。そして「私には願いを叶える力があ る」と確信を持てるようになると、その現実をもっともっと引き寄せるよう になる。

だから、**書くことは引き寄せの加速装置**なのです。

ノートの使い分けと習慣化

私が使っているノートは、大きく2種類に分けられます。

一つは**「吐き出しノート」**。

もう一つは**「望み出しノート」**。

「吐き出しノート」には、感じたことをとにかく書き殴ります。一方、「望み出しノート」には、「これからどうしていきたいか」を考えたり、やっていきたいことをリストアップしたり、何度も見返したい内容をきれいに書き直したりします。

2冊に分けている理由は、私の場合、ネガティブな内容のノートと、ポジティブな内容のノートを別にしたいからです。でも、2冊持ち歩くのが大変という方は、1冊にまとめても構いません。

ノートとペンはお気に入りのものを用意してください。表紙を見るたび、触れるたびテンションが上がるものがいいですね。お気に入りのノートに汚い感情を出すのに抵抗があるという方は、気兼ねなく使える１００円ショップなどのノートを吐き出し用にすることをおすすめします。

ノートのサイズは使いやすいものでＯＫですが、あまり小さいメモ帳のようなものだと、どんどん出てくる感情を書ききれないと思います。

Ａ４とかＢ５くらいがいいかもしれません。

ちなみに、私が使っているのはＢ５よりひと回り小さいサイズのノート。これが書きやすさと持ち歩きのしやすさで、私にとってはベストでした。デザインやサイズ以外にも、紙の厚さやなめらかさ、罫線や表紙の素材、開きやすさなどにも細かくこだわっています。

大切なのは、書く習慣をつけること

私の場合、いつノートに向かうかというのを厳密に決めているわけではありません。今は**「気になることがちょっとでもあったら書く」**というスタイルなのですが、これは私が掘り下げを何年も続け、習慣化しているので、「気になったことを掘り下げないと気が済まなくなっているから成り立っていること。何か気になっても「まぁいいか」と流せてしまう人は、書くことをもっとしっかり習慣化する必要があります。

最初は**「考える時間をちゃんと取る」**というところから始まる人が多いと思います。確かに、日々の仕事や家事、育児で忙しい中で、自分と向き合うのは本当に気力のいること。

10年以上ノートを書き続けている私でも、忙しいと、気づいたら全然ノートを開いていない……なんてことがあります。

だからこそ、最初は意識的に時間をつくることが大切。「金曜日は仕事帰りにカフェでノートを書く」みたいに、具体的にスケジュールに入れておくくらいがちょうどいいかもしれません。

また、ノートが目に入ると「書かなきゃ」と思い出すので、いつも目につくところに置いておくとか、持ち歩くのがいいですね。

ノートと向き合う時間は、5分でも10分でも構いません。日々の生活の中で「ここが私のノートタイム」という時間を決めておくと、続けやすくなります。忙しい人が新たに時間をつくるのは大変なので、自分が必ずやる既存の習慣とセットにするのがコツです。

たとえば、

・朝起きたら必ず書く
・通勤電車の中で書く（スマホのメモ機能を使ってもＯＫ）

・お子さんの習いごとの待ち時間に書く
・パートナーがお風呂に入っている間に書く
など。大切なのは無理のない形で続けること。あなたにぴったりの方法を見つけてくださいね。

スマホのメモ機能を使ってもいい？

最近ではスマホやパソコンでの入力が増えて、手書きする習慣がほとんどないという人も多いと思います。「スマホのメモ機能などを使ってもいいですか？」という質問もよくいただきます。

忙しくてどうしてもノートに向き合う時間がないという方は、スマホの日記アプリやメモを使うのもあり。

でも、私はノートに手書きすることを推奨しています。手書きにはこんないいところがあります。

・書くスピードに合わせることで、思考がゆっくりになる
・文字が映像として頭に残りやすい
・絵を描ける、文字の大きさを変えられる、色をつけられる

など。とくに興味深いのは、手書きのペースと思考の関係です。普段の私たちの思考って実はとても速いんです。でも、手書きだと文字を書くペースに合わせざるを得ない。そうすると、**思考がゆっくりになって、今まで聞こえなかった潜在意識の声が聞こえてくる。**だから、深く考えたいときにもぴったりなんです。

私の場合は、お気に入りのノートとペンを持っておしゃれなカフェに行くこと自体が、ちょっとした気分転換になっています。そういう**特別な時間をつくることで、より深く自分と向き合えている気がします。**ただし、これは私の場合。字を書くのが苦手な方や、自分の字が嫌いで気分が下がる方、書くことが疲れる方は、パソコンやスマホでも問題ありませ

ん。スマホで入力して、かわいい絵文字やデコレーションをつけるのが好きな方は、むしろスマホを使ったほうが続けやすいかもしれません。自分が一番楽しく続けられる方法で行ってくださいね。

スマホを使う場合も、習慣化することが大切です。スマホを開くと、ついSNSを見て時間を過ごしてしまう……という人も多いので、習慣化の工夫が必要かもしれません。

メモアプリのアイコンをスマホのトップページの目立つ場所に置いておくのもおすすめ。ついSNSを見てしまうなら、SNSのアイコンの隣にノートアプリを置いておくという方法も。そうすれば、SNSを開こうとしたときに「あ、ノートも書かなきゃ」と思い出せると思います。

書くことに抵抗がある人へ

いざ書こうとすると、壁にぶつかってしまうことがあります。

たとえば、汚い感情を書くことへの抵抗感。

「○○さんが嫌い」とか「ムカつく○○さんがいなくなってしまえばいいのに」とか。

「こんなことは思うことすらダメ」と思っている人にとって、ノートに書くことは、その感情を認めることになってしまいます。だから、すごく嫌だと感じるんです。でも、心の中で思うのは自由。それすら否定してしまうのはありのままの自分を否定しているということ。どんな感情も一旦すべて認めてあげましょう。

また、自分の望みを書くことに躊躇してしまう人も。

「私なんかが年収1000万円なんて……」「書くのも恥ずかしい」「おこが

ましい」そんな気持ちが湧いてきます。

書くという行為は、ある意味「自分で認める」ということ。だから書くのが怖いという気持ちもわかります。でも、だからこそ、**書く前と書いたあとでは、それだけでも気持ちが全然違ってきます。**

「恥ずかしい」は自分の心を知るバロメーター

私は普段、基本的にカフェでノートを書くのですが、**まだ自分で自分に許可できていない望みを書くときは、すごく恥ずかしくなります。**誰に見せるわけでもないのに恥ずかしい。「この恥ずかしさって、誰に対してなんだろう？」って思いながら書いていることもあります。

お手洗いに行くときは必ずノートを閉じて、隣の人や通りすがりの人に見られないように気をつける。書いているときに店員さんが来たら、バッと隠してしまう……。

でも、**そういう行動って、実は自分のブロックを教えてくれるバロメーター**でもあります。「まだ全然自分に許可できていない状態」だということがわかるので。

逆に、すらすら書けるようになって、ノートを開けっぱなしで席を立てるくらいになったときは、**「あ、これは私の中で普通になってきたんだな」**とわかります。

最初は恥ずかしかったり、抵抗があるのが当然。でも、いつか自分でそれを自分に許可できるようになると、その感覚も自然と消えていきます。まずは、そんな気持ちも含めて、あなたの素直な気持ちを書いてみませんか？

第2章 まとめ

○「書くこと」のすごい力

・普段は気づきにくい自分の感情やアイデアに気づくことができる
・書いていると自分の中にある「矛盾」に気づくことがある。実はそれが「ブロック」のサイン
・書くことで思考がゆっくりになり、潜在意識とつながりやすくなる
・書き残しておくことで、自分の変化がよくわかる。「自分で自分を変えられる」という自信がつき、引き寄せが加速する

○習慣化の秘訣

・忙しい中でノートを書く時間を確保するには、既存の習慣と組み合わせるのがおすすめ（移動時間、待ち時間など）
・スマホのメモ機能などを使うのもあり。絵文字でかわいくしてもＯＫ

第3章

怖いけど、
だから変われる

――あなたのための
新しいお金の使い方

「お金は使えば返ってくる」のリアル

「お金は使えば返ってくる」という言葉、よく聞きますよね。でも、これは半分合っていて、半分間違っています。

その理由を理解するには、お金の本質に立ち返る必要があります。お金とは何なのか。それは「誰かを悦ばせてもらえるもの」、言い換えれば**「悦びのエネルギーの循環を可視化したもの」**。

誰かに何かをしてもらってうれしい、何かをつくってもらってうれしい。だからお金を払う。これが、そもそものお金のあり方です。すごくうれしいサービスを受けて気分がよくなると、「私も誰かを悦ばせたい」という気持ちが生まれますよね。そして実際に誰かを悦ばせることができたら、そこからまたお金が入ってくる……。

たとえば、こんな経験はありませんか？
「推しのコンサートに行ったらめちゃめちゃ楽しくて満たされた。明日から
また、仕事をがんばろう！」
そして実際に仕事をがんばって、お客さまから「ありがとう」をもらう。
その気持ちがうれしくて、また仕事をがんばる。
これこそが、お金の本質的な循環。
お金はエネルギーであり、感情です。
うれしい気持ちになったからお金を使う。お金をいただいて、うれしい気
持ちになる。意外と身近なところで、私たちはこの「感情」で、お金を回し
ているのです。

どちらを買おうか迷ったときは

私の周りには、「お金が今、本当にないんだ」という友だちもいれば、「本

当にお金があり余るほどある」という友だちもいます。

興味深いのは、「お金がない」という友だちほど、たとえば私が「黒とグレー、どっちのワンピースを買おうかな」と迷っているときに、「安いんだから両方買えばいいじゃん」と言うことです。

一方、お金持ちの友だちは、金銭的にはすぐに買えるはずのものでも、すごく時間をかけて選んだりする。この違い、とてもおもしろいと思いませんか？


そこに、**お金持ちとそうでない人の違い**があります。

お金が貯まらず、すぐになくなってしまう理由。それは、悦びではないところにお金を使っているから。安いからという理由や**ストレス発散や見栄、自分の体裁でお金を使うために、お金の循環が生まれない**のです。

または、お金を使うことに罪悪感があって、使ったあとの悦びを十分に味わえていないのかもしれません。

具体的に見てみましょう。

同じ服を買った2人の人がいるとします。一方は、1年間ずっとうれしい気持ちでその服を着て、毎回ウキウキした気持ちになっています。もう一方は、買ったときだけテンションが上がって、あとはクローゼットで眠らせている人。

喜びの大きさが全然違うのがわかりますよね。**前者はその服を着るたびに幸せな気持ちになって、周りにも優しくなれて、いい仕事にもつながっていく。**結果として、お金も自然と循環していくんです。

迷ったときに両方買ってしまう人の多くは、実は「自分の気持ちがわからない」「お金のことを考えるのが面倒」という状態かもしれません。

その「面倒だ」という気持ちは、実は**「自分と向き合うのが面倒くさい」**ということにつながってもいるのです。自分が何を選べば悦びを増やせるのか、よくわかっていない。

掘り下げていくと、実は自分のことを大事にできていない人が多いということ。だったら、たとえちょっとの差だとしても、**「どっちを選んだほうが、より自分が悦んで着られるかな」**と考えたほうが、自分を大事にすることにつながります。

お金は出せば返ってくる……確かにその通りなのですが、それは**「悦び」というエネルギーと一緒に循環するときだけ。**ここを勘違いすると、「迷ったら両方買ってあげることが自分を大事にすること」と思ってしまいがち。でも、それは違います（本当に両方とも必要なときは両方買っても大丈夫）。

大切なのは、「これで本当に一番気分がよくなるかな？」と、ちょっと立ち止まってお金を使うこと。それが、お金との健全な関係を築く第一歩です。

「散財タイプ」「貯金魔タイプ」あなたはどっち？

お金のブロックにはいろいろなパターンがありますが、大きく**「散財タイプ」**と**「貯金魔タイプ」**の二つに分けられます。

自分がどちらに当てはまるのかを見極めることはとても大切。なぜなら、ブロック外しの方法も、その後の「バンジー」の方法もまったく変わってくるからです。

詳しくは67ページでお話ししますが、バンジーとは、自身のブロックの掘り下げをしたあとで、新しい自分にアップデートするために行うアクションのこと。

ノートに書いたりして感情を吐き出すことで、ブロックを外していくことは可能ですが、**現実での体験・体感をすることで、潜在意識の書き換えが完**

了します。

本章では、「散財タイプ」「貯金魔タイプ」のタイプ別に掘り下げの例、どんなバンジーをすればいいかを紹介していきますので、ぜひ参考にしてみください。

お金のブロックの「タイプ」がわかるチェックリスト

次の項目のうち、自分に当てはまると思うもの、心当たりがあるものにチェックをつけてみましょう。AとBのグループで、より多くチェックがついたのはどちらでしょうか？

深く考えず、直感でチェックするのがポイントです。

Aグループ

- □ お金を持っていることで家族・親族がうまくいかなかった経験がある
- □ 持っていたお金が急になくなった（奪われてしまった）ことがある
- □ 自分がお金を持っていることに罪悪感を感じる
- □「あのとき買っておけばよかった」と後悔したくない
- □ 買おうと思ったものがあとで値上がりしたらどうしよう……と心配になる
- □ 申し訳ない気持ちになったとき、すぐにお金や物で謝ろうとしてしまう
- □ 人にごちそうしてもらうと、申し訳ない気持ちを強く感じる
- □ 節約や貯金はすべてつらいことだと思う
- □ 贅沢ができない自分はみじめだと思う
- □ どちらを買おうか迷ったときは両方買ってしまう
- □ スーパーやコンビニで買い物するときは値段をあまり見ない

Bグループ

- □「将来のためにつらくてもがんばりなさい」と言われてきた
- □お金がなくなっても誰も助けてくれないと思う
- □「あのとき買わなきゃよかった」と後悔したくない
- □定価で買ったものが、あとで安くなっていたら後悔する
- □クレジットカードの支払い明細を見ると、自分を責めてしまう
- □レジでお金を支払うときに、なんとなく不安になる
- □光熱費や水道代の請求書を見るのが嫌だ
- □自分のものを買うときに罪悪感を感じやすい
- □無駄遣いや贅沢はいけないことだと思う
- □買うかどうか迷って、買わないことが多い
- □なるべく他人のためにお金を使いたくない

Aグループに多くチェックがついた人は、**「散財タイプ」**、Bグループに多くチェックがついた人は**「貯金魔タイプ」**に当てはまります。

それぞれの特徴は、69ページ以降でお話ししていきますが、自分のタイプはわかったでしょうか。

ブロックの外し方やバンジーの方法は、二つのタイプで正反対になることもあるので、自分がどのタイプなのかしっかりチェックしてくださいね。

もしも同じ数だった場合は、このあとのどちらの項目も読んでみてください。自分により合っていると思うほうが見えてくると思います。

ブロックを外して願いを叶える基本の流れ

各タイプの特徴を見ていく前に、自分の中にあるブロックに気づき、そして外していくための基本的な流れについてお伝えしたいと思います。

そもそも「ブロック」とはどういうものか、改めて見ていきましょう。

ブロックは、これまでの人生、とくに幼い頃の経験のなかで、知らず知らずのうちに潜在意識の中に生み出されているもの。

本来の目的は、幼い自分が自分を守るために生み出したバリア機能のようなもの。傷ついた経験から「これをやってはいけない」と学習しながらブロックを増やしていきます。しかし、大人になって自分が変化するにつれ、もともとのバリア機能以上に、自分を制限する足枷になってしまい、思うようにならない現実を引き寄せてしまいます。

たとえば、「お金持ちになりたい」と思って行動しているのに、なかなかうまくいかないとしたら、「お金持ちは悪い人だ」「お金は汚いものだ」のような正反対のブロックが潜在意識の中にある可能性が高いでしょう。**自分の安心が脅かされる出来事があると、心の警報器が鳴り、ブロックが発動し、願望実現と反対の選択や行動をしてしまう**のです。

このようにお話しすると、ブロックは悪いものだと感じてしまうかもしれません。でも、**潜在意識は、いつでも「あなたの味方」**です。ブロックもあなたを守るために生まれたもの。たとえば、思うようにお金が入ってこないのは、「お金があることでトラブルに巻き込まれてしまう」という幼い頃の経験や思い込みからできた「怖れ」や「傷つくこと」からあなたを守るためだったりします。

過去の自分を守るために存在していたブロックも、今のあなたには不要なことがあります。**思い描いた人生を歩むためには、いらなくなったブロック**

を外していく必要があるのです。ブロックを外すには、次のような段階があります。

1……「掘り下げ」によってブロックを見つけ出す

何か不安を感じる、イライラする、落ち着かない……そんなときは**「掘り下げ」**のチャンスです。**そのときの感情について「なぜ？」「どうして？」と自分に質問をし、答えていくことで思考を掘り下げていきます。**

掘り下げは、次のようなステップで進めていくといいでしょう。

STEP1 自分の感覚から、ブロックの原因を特定する

57ページからのチェックリストでチェックのついた項目やお金についての悩み、モヤモヤした気持ちからスタートし、「なぜ？」「どうして？」と感情について質問していきます。

顕在意識（私たちが普段から自覚している意識のこと）から潜在意識（無自覚の意識）へと、深く下がっていくようなイメージです。

掘り下げ方が甘いと、潜在意識までたどり着くことができません。掘り下げるときは、自分の本音が出てくるまで、とことんやりましょう。

掘り下げの過程でも、「いい人」でいようとしたり、「こんなことを思っちゃいけない」と答えを装ったりしてしまうと、うまくいかなくなってしまいます。

どんな答えが出てきても大丈夫。誰かに見られることはありませんし、あなたの人格が変わってしまうこともありません。安心して、ありのままの気持ちを出しましょう。

よく、「掘り下げでブロックに行きついたのかわかりません」という質問がありますが、**ブロックにたどりつくと、魂が反応するような合図があります。**

ブロックは自分が絶対に見たくなかったこと、封印していたことなので、そこに触れると、感情が動きます。涙が出たり、鳥肌が立ったり、体が熱くなったり、血の気が引いたり。人によって合図はさまざまですが、何かしらハッとする感覚、本人にはわかるような感覚になるはずです。

合図が出てこないようなら、まだ到達していないということ。もっと掘り下げていきましょう。きついと感じたら休憩したり、日を分けてやっても問題ありません。大切なのは、合図が出るまで掘り下げ切ることです。

STEP2 ブロックを手放すかどうか決める

行きついたブロックについて、今の自分にもう必要ないかどうか、手放しても大丈夫かどうかを自分に質問して聞いていきます。

STEP3 ブロック（をつくっていた自分自身）に言葉をかける

手放しても大丈夫だと思えたら、これまで自分を守ってくれていたブロックに対し、そして、ブロックを生み出した過去の自分自身に対し、今の自分から感謝の言葉をかけてあげましょう。

掘り下げのやり方は「散財タイプ」73ページ、「貯金魔タイプ」80ページも参考にしてください。

2……ブロックを外す

「掘り下げ」をしてブロックを見つけるだけで、自然と外れていくこともあります。大切なのは、**湧いてきた感情を吐き出すこと、認めること。**

ブロックが生まれたのは、そこにある痛みや不快な感情を感じたくないから。感じることを避けるためにブロックが存在し続けているともいえます。だから、その感情をすべて感じ切ってしまえばいいのです。

書き殴る、泣き叫ぶなど、自分に合った方法で吐き出しましょう。

家族と同居しているなど、泣き叫ぶのはちょっと……という方は、クッションを顔に当てて叫ぶ、カラオケに行って叫ぶなどの方法があります。私の場合はノートに書き殴りながら泣きたいだけ泣くのが合っているようです。

怒りの場合はクッションを投げたりもします（笑）。

ブロックはじわじわと外れていくこともあれば、一気に外れることもあります。また、外れるまでの時間もそのときによって違います。

4で解説する「バンジー」は、ブロックを一気に外す方法です。ブロックを外すと、物事の捉え方や視点が大きく変わります。その結果、現実もどんどん変わっていくのです。

3 潜在意識の書き換えの過渡期

ブロックは、一度外れればそれで終わりというわけではありません。**「今までの私」と「新しい私」が拮抗している……そんな時期が訪れます。**これまでブロックによってあなたを守っていた潜在意識が、「本当にいいの？」「大丈夫？」と心配して手を差し伸べようとしているともいえます。

それでも、あなたが**「何があっても大丈夫！　私は変わりたい！」**と強く思うことができれば、ブロックは素直に旅立っていきます。

だからこそ、ブロックを手放すときは、「邪魔なもの」として扱うのではなく、**「これまで守ってくれてありがとう」と感謝をもって手放す**ことをおすすめします。

4 …… ブロックを一気に外す「バンジー」

バンジーとは、今までブロックのせいでできなかったことにチャレンジすること。それは、「絶対にやりたくない」「（それほど経験が多くないのに）苦手だ」「怖い」と思うような行動だったりします。バンジージャンプを飛ぶくらい勇気がいることなので、私はこのように呼んでいます。

バンジーはブロックを外す一番の近道。なぜなら、**潜在意識が一気に変わるのは、実際に「体験」したとき**だからです。体験して、「恐れていたことは起こらなかった」「自分は大丈夫だった」と気づくことで、一気にブロックを外すことができます。

バンジーをしなくてもブロックが外れることもありますし、「今は無理」だと思うなら、無理にやる必要はありません。また、**バンジーをするときは、事前にしっかり掘り下げて、深いところまで自分と向き合っておくことが大事です。**

補足としてお伝えしておきますが、バンジーをして潜在意識が書き替わったあとに、もう一度、ブロックが外れる前のような出来事が起こります。これを**潜在意識の「お試し」、「卒業試験」**と私は呼んでいるのですが、

「ブロックを外したはずなのに、まだ外れてなかったのかな？」

「私ってやっぱり変われないのかもしれない」

と不安になる人が多いのです。でも、それはただ、試されているだけ。バンジー後は少ししてから「卒業試験が来る」と知っておくだけでも、落ち着いて対処できると思います。「私は大丈夫！」と信じて、進みたい道を歩んでください。

「散財タイプ」のブロックの見つけ方

では、57ページからのチェックリストで「散財タイプ」に当てはまった人の特徴とブロックの見つけ方を見ていきましょう。

散財タイプには、想像以上に、深い理由が隠れています。**単に「お金の使い方が荒い」という表面的なものではなく、その人の人生経験や価値観が大きく影響している**のです。代表的なのは、次のようなケースです。

◇過去の経験から来る不安

たとえば、子どもの頃にお年玉を親に回収されてしまった経験がある人や、お金が原因で家族がうまくいかなかった経験を持つ人。こういう方は、**「お金を持っているとよくないことが起こる」というイメージを無意識のうちに持っている**ことがあります。だから、たとえお金を持っていても、知らず知らずのうちに手放してしまおうとするのです。

◇親の価値観による影響

「お金は人に対して使うべき」と教えられてきた人たちもいます。お金を自分で貯め込むことは悪いことだと教えられてきた方も。とくに宗教的な背景のある家庭では、「人のために使うことがお金の正しい使い道」「お布施のために使うのが当たり前」という価値観が根づいているケースもあります。

◇罪悪感の影響

「自分なんかがお金を持つなんて、身分不相応だ」「過去の自分は嫌な人間だったから、それを償わなければ」といった意識を持つ人たちも。過去に誰かを傷つけた経験がある場合、**その埋め合わせとして、自分の持っている豊かさを次々と人に与えようとしてしまいます。**

◇価値のなさの補てん

自分の価値のなさをお金で埋めようとするケース。この傾向のある人は、人に何かしてもらうと、すぐに手土産やプレゼントで返そうとします。「きっと私の仕事に満足してもらえていないから、せめてプレゼントで点数を稼ごう」というような思考に陥りやすいのです。これは純粋な感謝やお祝いの気持ちでのプレゼントとは異なるものです。

◇我慢への反発から

節約や貯金がすべて「我慢」に直結してしまうケース。とくに子どもの頃に親から「我慢しなさい」「貯金しなさい」と強く言われ続けた経験を持つ人に多く見られます。その反発心から、逆に使いすぎてしまう。贅沢できない自分にみじめさを感じ、お金がないのにタクシーやデリバリーを頻繁に使ってしまうなど、収入に合っていない使い方が目立ちます。

◇ストレス発散

仕事のストレスがたまると、「ご褒美を買わなきゃ気が済まない」というパターン。確かにお金を使うと一時的にアドレナリンが出て、手っ取り早いストレス解消になります。でも、それは一瞬の快感でしかありません。

◇自分から逃げてしまう

自分と向き合うことを避けるために、とりあえず買ってしまう。 選ぶのが面倒だから両方買う、お金の計算が面倒だから値段を見ずに買う……。これは実は、自分と向き合うことから逃げていることの表れかもしれません。

これらに共通しているのは、**お金を使うという行為の裏に、必ず何らかのネガティブな感情や理由が隠れている**ということ。単に「意志が弱い」とか「だらしない」というわけではないのです。

次のページから、散財タイプの「掘り下げ」の例を紹介します。

「散財タイプ」の掘り下げの例

STEP1 自分の感覚から、ブロックの原因を特定する

お金をある分だけ使い切ってしまう

↓なぜそうするの？

お金を持っていると早く使わなくてはいけないような衝動に駆られるから

↓なぜそう感じるの？

お金を何かに変えないと奪われてしまうような不安があるから

↓なぜそう感じるの？

お金はみんながほしいものだから狙われたり、騙し取られるから

↓なぜそう感じたの？

子どもの頃にお年玉をもらって喜んでいたら、母親に将来のために預かっておくと没収されたうえに、家計のために使われてしまったから

↓そのときどう感じたの？

母親に知られる前に使ってしまえばよかったと思ったし、お金を持っているとお金がほしい人に狙われると思った

↓どんな思い込みができたの？

「お金」を持っていると危険なので早く使ってしまって、奪われる前に逃げ切らなければならない

STEP 2

ブロックを手放すかどうか決める

「お金」を持っていると危険なので早く使ってしまって、
奪われる前に逃げ切らなければならない

↓本当にそうかな？

今は周りにお金をちょうだいと言ってくる人はいないし、
奪おうとする人もいない

↓本当は？

むしろ与えるのが好きな人ばかりで、
奪われる心配をしなくていい

↓ブロックを外しても大丈夫そう？

私がお金を持っていようが持っていなかろうが、
周りの人は何も変わらないから大丈夫

↓それなら？

ブロックを外しても私がお金持ちになっても、
誰からも奪われない、悲しい思いをすることもない

「まだ不安」と感じるときは

ブロックを外すことに少しでも不安を感じるなら、
今は手放すときではないのかもしれません。
なぜ外すのが不安だと感じるのか、自分に質問をしながら
掘り下げてみると、別のブロックに行き着くかもしれません。

STEP 3 ブロック（をつくっていた自分自身）に言葉をかける

Message

私はお金を奪われる悲しみを感じたくなかったから、
お金を使い切っていたんだね
でももう大丈夫
今は私からお金を奪おうとする人は周りにいないし、
仮に誰かに奪われたとしても、私を助けようとして
くれるような優しくて豊かな人がたくさんいる
むしろ奪われたとしても人からの優しさを受け取れる
チャンスかもしれない

でも、きっと今の私ならそもそも奪われすらしないだろうから、
安心してね
今まで守ってくれてありがとう
これからはお金を本当に大切なことに使いながら、
余った分は手元にも残っていく、
健全なお金の使い方ができる気がするよ

だからお金を持っても大丈夫
焦って使い切らなくても大丈夫だからね
今まで守ってくれて、ありがとう

「貯金魔タイプ」のブロックの見つけ方

次に、57ページからのチェックリストで「貯金魔タイプ」に当てはまった人の特徴とブロックの見つけ方を見ていきましょう。

貯金魔タイプは、**不安感が強く、お金を使うことに罪悪感を抱く**人が多くいます。貯金はできるのですが、いくら貯めても不安は大きくなるばかりで、安心することができません。

こちらのタイプにも、散財タイプと同様に、その人の経験からくる価値観が大きく影響しています。

◇未来への不安

将来への不安が強く、常に先のことを考えている人。「将来のために今は我慢」「今つらくてもがんばれば、未来はきっといいことがある」という思い込みが強いのが特徴です。「将来のために、今はつらくてもがんばりなさい」という言葉をくり返し言われてきた人に多いタイプです。

◇孤独への備え

「何かあっても、自分のことは誰も助けてくれない」という強い思い込みを持っています。人に頼るのが苦手で、これまでも一人でやってきた経験から、他人への信頼が薄いといえるでしょう。自分が人から愛されている自信がなく、「最後は自分しかいない」という思考が根底にあります。だからこそお金を貯めておかなければと考えています。

◇損をしたくないという思い

「損をしたくない」という意識が極めて強いケース。外食をしても、料理が美味しくなかったら「損した」と落ち込み、買ったものが期待外れだと「お金が無駄になった」と激しく後悔します。**「得をする」よりも「損をしない」ことを重視**し、セールでも「買わなければそのお金はなくならない」と考えることが多いです。

◇「お金を使うことは悪」という価値観

「お金を使うことは悪いこと」という強い価値観を持っているケース。「何かあったときのために貯金しなさい」「無駄遣いは絶対にダメ」「贅沢はよくない」といった親からの教えをずっと引きずっているタイプです。お金を使うことに対して罪悪感を持ち、貯金は絶対的にいいことだと信じています。

これらのタイプは、どれか一つに当てはまる人もいれば、複数当てはまる人もいます。**むしろ、重なっている人のほうが多い**かもしれません。

たとえば、「未来への不安」と「損をしたくない思い」を併せ持つ人も多いですし、「孤独への備え」と「『お金を使うことは悪』という価値観」が同時に見られることもあります。

大切なのは、**これらの特徴は決して「悪いこと」ではない**ということです。それぞれが、その人なりの理由や背景があり、自分を守るために築き上げてきた対処法です。

ただ、それがあまり極端になると、本来お金がもたらしてくれるはずの悦びや豊かさを、自ら遠ざけてしまうことにもなりかねません。

自分がどのタイプなのかを知ることは、これからのお金とのつき合い方を考えていくうえで必要不可欠なことです。

「貯金魔タイプ」の掘り下げの例

STEP 1 自分の感覚から、ブロックの原因を特定する

貯金を切り崩すことにものすごく恐怖を感じる

↓なぜそう感じるの？

お金がなくなってしまうから

↓なぜそう感じるの？

お金はなくなるのは一瞬だが、
入ってくるのは少しずつしか入ってこないから

↓なぜそう感じるの？

親がいつも何かあったときのために無駄遣いしないで
貯めておけと言っていたから

↓なぜそう感じたの？

何かあったら一瞬でお金は消えてしまうもの、
だから貯めておかなければいけないと感じたから

↓そのときどう感じたの？

親に言われていたにも関わらずお金がなくなってしまったら、
自己責任だと叱られそうだと思った

↓どんな思い込みができたの？

お金がなくなっても親には頼れない、
お金がない＝自己管理ができていない堕落した人間だ
と思われてしまう

STEP 2

ブロックを手放すかどうか決める

お金がなくなっても親には頼れない、
お金がない＝自己管理ができていない堕落した人間だと思われてしまう

↓本当にそうかな？

そうは言いつつも、親は私のために定期預金や保険という形で財産を残そうとしてくれた

↓本当は？

お金がなくなったら助けようとしてくれていたのかもしれない
お金がなくなって私が困らないように、
厳しくお金の管理を教えようとしていただけかもしれない

↓ブロックを外しても大丈夫そう？

本当にお金がなくなったら、
誰かはお金を貸してくれるかもしれない
そのときに私に厳しい言葉をかけたとしても、
今ならそれは愛情から言ってくれていると受け取れそう

↓それなら？

いざとなったら勇気を出してお金を借りればいいのだから、
今は怖いけれど貯金を切り崩してでもやりたいことをやろう

STEP 3 ブロック（をつくっていた自分自身）に言葉をかける

Message

私のことは親すら助けてくれないのだから、
当たり前に誰にも助けてもらえないと思っていたね
ひとりぼっちで生きていかなければいけない気がして、
本当に苦しかった
だから今まで誰にも頼らないで済むように、
お金にシビアな感覚を持たせていてくれたんだね
おかげで貯金が底をついたことはないし、
借金もしなくて済んだよ
でも今振り返ってみたら、親はちゃんといざというときに
私を助けようとしてくれていた
私が一人でがんばってきたからこそ、実際に助けてもらう
機会はなかったけれど、
ちゃんと見守ってくれていたことに気づけたよ
だからもうそんなに怯えなくて大丈夫
本当にお金がなくなっても、私が助けを求めさえすれば、
私を助けてくれる人はいるよ

今の私は、お金を使っても大丈夫だよ
今まで守ってくれて、ありがとう

「掘り下げ」の精度を高めるコツ

お金のブロックを見つけるための「掘り下げ」は、多くの場合**「なぜ？」「どうして？」と自分に対して５回程度質問を重ねていくことで本質的なところにたどりつくことができます。**

ただ、これには少しコツがあります。

慣れてくると、比較的すんなりとブロックにたどり着けるようになりますが、最初のうちは少し遠回りをしたり、横道にそれたりするのはごく自然なことです。

うまく答えを導き出せない、出てきた答えに対して、自分の魂が反応しないというときは、次の二つのパターンを疑ってみてください。

１……「まだきれいごとを言っているのではないか」というチェック

とくに**「いい人でいたい」**という意識が強い方は、なかなか**「きれいごと」**

から抜け出せないことがあります。

たとえば「お母さんのことは絶対に悪く言いたくない」「誰かのことを嫌いになりたくない」……そういう気持ちが強すぎると、本音にたどりつきにくくなってしまいます。

2……「自分はきれいなわけがない」と思い込んでいないかチェック

1とは逆のパターンです。これは意外かもしれませんが、**「自分はきれいなわけがない」と思い込んで、必要以上にネガティブなことばかり言っている**場合もあります。

実は心の中にもっときれいなものを持っているのに「自分はいい人間なわけがない、悪い人間だ」と思い込んでいる人。でもその人の本質には、もっと大きな愛があったりするのです。

どちらの場合も、掘り下げてもなかなか本音までたどりつけません。**掘り下げは、自分の中の「建前」と「本音」の層をゆっくりと一つずつ掘っていく作業。**最初から完璧にできる必要はありません。ときには遠回りすることも、横道にそれることも、それはそれで大切な過程なのです。

ただ、もし行き詰まったら、今の自分の答えが「きれいごとを言っているのではないか」、「自分はきれいなわけがないと思い込んでいないか」を確認してみてください。

掘り下げがつらくなってしまう方へ

お金の問題を掘り下げていくと、思いがけずつらい気持ちになることがあります。これは決して珍しいことではありません。

なぜつらくなってしまうのか。

たくさんの方の掘り下げの過程を見てきたことで、わかってきたことがあります。

掘り下げがつらい方に共通しているのは、自分のダークな感情や負の部分を見たくないという気持ちが強いこと。

また、**「こうあるべき」「こういうことを考えるのはやめるべき」というような〝べき思考〟が強い方**は、それから外れた自分の一面が出てくることに抵抗を感じてしまいます。

とくに注目してほしいのは、掘り下げ方そのものです。

本来、掘り下げは**「なぜそう感じたの？」「なぜその行動をしているの？」と、感情を問いかけていく**のが基本。でも、知らず知らずのうちに「なぜあなたはお金を使いすぎてしまうの？」「なぜあなたは稼げないの？」という責めの質問に変えてしまいがちなのです。

罪悪感の強い人は、無意識のうちに、まるでお母さんに怒られているかのような口調になってしまう。「どうしてあなたはいつもそうなの」という、責めるような問いかけになり、自分で自分を追い詰めてしまうのです。

掘り下げの目的は〝原因探し〟ではありません。

「なぜそう感じたの？」という感情の部分、どういう価値観があなたをそういう感情にさせたのか、ということを優しく見ていくだけ。そこには「間違っている」とか「正しい」という軸は一切ないのです。

もし、どうしても自分を責めてしまうという方は、こう考えてみてください。

その感情が湧いてくるのは、何かの価値観から来ているはず。でも、その価値観は自分でつくったものじゃない。これまでの人生で誰かに教えられたこと。だから、**掘り下げた結果、どんなマイナスなものが出てきても、それ**

はあなたが悪いわけではないのです。

ただ、そう思わざるを得ない経験をしたとか、そう思わざるを得ない環境だっただけ。それが何だったのかを、優しく探っていけばいいのです。

掘り下げは、自分を責めるための作業ではありません。むしろ、**自分をもっと理解して、もっと優しく受け入れるための大切なステップ。**

途中でつらくなってしまったら、一度立ち止まって、自分の問いかけ方を確認してみてください。そして、どんな自分が出てきても、それはあなたの大切な一部として、優しく受け止めてあげてほしいと思います。

お金のブロックは100%「ダミー」

お金のブロックを掘り下げていくと、途中から、両親への不満、育った環境への不満など、一見お金とは関係のない答えが出てくることがほとんど。

実は、お金のブロックは「100%ダミー」なんです。必ずその先には、親との関係や育った環境に関する、別のブロックが隠れています。

たとえば、お金が貯められない原因を探っていくと、実は親との間で満たされなかった愛情の問題が出てきたり。お金を使いすぎてしまう理由を掘り下げていくと、子どもの頃の寂しさが見えてきたり。

お金の問題は、私たちの深い感情を隠している隠れミノのようなものなのです。

そして、これはとても大切なポイントなのですが、お金以外の問題が出てきたからといって、**それは「脱線」ではない**ということ。

むしろ、そこからどんどん掘り下げていってほしい。「これのためにお金を使っちゃいけないと思っていた」「これのために使わなければいけないと思っていた」……そんな気づきにたどりつくまで。

最終的に「あ、これだったのか」という瞬間が必ず来ます。それは魂が反応する瞬間。お金を使いすぎてしまう本当の理由、稼げない本当の理由が見えてくるときなんです。

そして、一番の原因である「お母さん」「お父さん」「おばあちゃん」「先生」……といった、ブロックの元に到達したら、もう細かい質問は必要ありません。

ノートの次のページに感情をそのまま殴り書きする、それだけでいいのです。

大切なのは、お金の問題を解決しようとするなら、実は人との関係性、とくに親との関係を見つめ直す必要があるということ。これは簡単なことではありませんが、この気づきこそが、お金との新しい関係を築く第一歩になるのです。

お金の問題は、私たちに大切なメッセージを伝えようとしています。それは**「本当はどんな愛情がほしかったのか」「どんな承認が必要だったのか」という、心の奥底に眠る本当の願い**なのかもしれません。

私がお金のブロックを外せたステップ

私は典型的な「貯金魔タイプ」でした。いくら貯金があっても「お金がない」と感じてしまう。明らかにおかしいですよね。事実とは違うのに「ない、ない、ない、ない……」って。

ある日、こんな質問を自分に投げかけてみました。

「私は、どうしてお金がないということにしておきたかったんだろう?」

この質問から、思いがけない気づきが始まりました。

小さい頃、よく親から「お金がないから買わないよ」と言われていた記憶。でも、今思えば、とびきり裕福ではないにしろ、決してお金が極端にない家庭でもありませんでした。友だちが来たときはごちそうしてあげたり、少し高くても、好きな人のお店で買うと決めていたり。「あれ? お金あるじゃん」という場面は、ちらほら見えていたのです。

でも、私は自分の家に「お金がある」という事実を、絶対に認めたくなかった。

それは「お金があるのに私は買ってもらえなかった」と思うのが怖かったから。「お金がないから」と思ったほうが、心が守られたのです。

だって、お金があるのに買ってもらえないということは、「私のことを愛していないから」という結論につながってしまう。その痛みから自分を守るために、「お金はない」と、現実をねじ曲げていたんです。

掘り下げのプロセスで、必ず通る感情の段階があります。

それは怒りのフェーズ。「なんで嘘をついたの？」「妹には買っていたじゃない」「私ばかり我慢して」といった感情が噴出します。

でも、その怒りや悲しみを全部出し切ったとき、新しい視点が生まれてくるのです。

「もしも親が、私に何でも買い与えていたら、それはそれでよかったのだろうか？」

「私が親だったとしても、お金があるからってほしいもの全部を買い与えはしないかも……」

そして私の場合、最後に気づいたのです。

愛情とお金は、本当は関係がない。

むしろ、私にお金の使い方を学んでほしいという愛があったからこそ、あえて買い与えなかったのかもしれない。
心の中にずっとあった、わだかまりがほどけていくのを感じました。

でも、ここで注意してほしいことがあります。

「親の気持ちがわかったから、怒っちゃいけない」これは違うということです。

たとえ親の愛情があったとしても、当時の私が「買ってほしかった」「悲しかった」と感じた気持ちは、れっきとした事実。掘り下げの目的は、そのときに傷ついた自分を癒してあげること。だから、今の大人の自分の理解で抑え込むのではなく、当時の子どもの気持ちに戻って、すべての感情を出し切ることが大切なんです。

「ブロックを外すまでに、どのくらいの時間がかかりますか?」とよく聞かれますが、それに答えるのは本当に難しいです。

それは本当にケースバイケース。

30分で消えることもあれば、1年かかることもある。

その外れ方も、一気に外れたり、じわじわと外れたりとさまざま（次のページも参考に）。

でも、これは昔の自分を癒し、新しい自分を解放する大切な作業。必ず向き合う価値はあります。

感情の吐き出しが永遠に終わらない……？

「いつになったらブロックが外れるのでしょうか」

これは多くの方から受ける質問です。

結論から言うと、**ブロックは必ず「外れるとき」が来ます。でも、そのプロセスは人それぞれ。**1回掘り下げをして終わる人もいれば、30回しないと終わらない人もいる。

とくに、長年抑え込んできた感情がある場合は、出しても出してもさらに奥の感情が湧いてくるということもあります。

「これって、永遠に終わらないいんじゃ……」

そんな不安を感じる方も多いのですが、必ずいつかは終わります。

大切なのは、**「まだ感情が出てくるということは、まだ癒されていない部**

分があるんだ」と捉えること。0か100かではなく、やればやっただけ少しずつ癒しは進み、現実のお金も動き始めます。少ししんどくても、続けていく価値は大いにあります。

ブロックが外れたサイン

「どうやったらブロックが外れたことがわかるのか」

これもよく聞かれます。実は、ブロックが外れたことがわかるサインがあるのです。

それは、シンプルに**「感情が湧いてこなくなる」**ということ。

たとえば、お母さんへの怒りを掘り下げていた場合、こんな質問を自分にしてみるといいでしょう。

「今、お母さんに対して、100％、何のにごりもなく『ありがとう』って思える？」

「心から『好き』って思える？」

もし「うーん……」という気持ちが少しでも出てきたら、それはまだブロックが残っているサイン。

ここで心配される方もいます。

「今抱えているブロックを外すのに、10年かかることもあるのでしょうか？」

「これから10年も苦しみ続けなきゃいけないんですか？」

でも、安心してください。

たとえ完全なブロック解除まで時間がかかったとしても、その過程は決して苦しいだけのものではありません。

感情を出すたびに、確実に楽になっていくのです。ただ、完全にゼロになるまでには時間がかかる、というだけのこと。

グラデーションのように外れていくブロックもあるのです。すべてのブロックが完全になくなるまで待つ必要はありません。それに、**少しずつ軽くなっていく過程で、現実も少しずつ変化していきます。**ブロックは必ずしもゼロにしなくてはならないものでもないのです。

だから、焦る必要はありません。

今、感情が出てくるということは、それだけあなたが自分と正直に向き合えている証。

一つひとつの感情に、しっかりと意味があります。

「行動のバンジー」と「マインドのバンジー」

ブロックを見つけて、掘り下げを完了できたら、「バンジー」をすることでブロックを外すスピードをアップさせることができます。

バンジーとは、今までブロックのせいでできなかったことにチャレンジすること。「やりたくない」「苦手だ」「怖い」と思うような行動を伴うので、とても勇気が必要です。でも、**潜在意識の書き換えがスムーズに進むため、ぜひやってほしい**ものでもあります。

お金のブロックを外すバンジーには2種類あります。それは、お金の使い方・貯め方に関する具体的な**「行動のバンジー」**、そして、ブロックの原因になっていた親などに対する**「マインドのバンジー」**です。

先ほど、お金のブロックは100%ダミーであるとお伝えしましたが、お金のブロックには必ず原因となる別のブロックがあるため、行動とマインドの両面からアプローチしたほうがよいのです。

じっくり「掘り下げ」をしてから行う

バンジーをするときは、必ず掘り下げをして感情を出し切った状態で行いましょう。まだブロックがガチガチにある状態で行っても、バンジーはうまくいきません。「やっぱり自分はダメだった」と撃沈してしまう可能性があります。

とくにマインドのバンジーでは、相手にも何かしらブロック（たとえば、愛情を素直に伝えられないブロックなど）があるはずなので、ブロックVSブロックのようになり、余計に傷つく結果になってしまいます。

自分なりに掘り下げを完了させ、癒やしが進んだところで、**ブロック外しの仕上げとしてバンジーを行うようにしましょう。**

「散財タイプ」の行動のバンジー

散財タイプの方におすすめの「行動のバンジー」をご紹介します。

やりたくないこと、怖いことだと思いますが、それを乗り越えることで一気にブロックが外れ、潜在意識が描き変わります。

1……選択の時間を大切にする

深く考えずに買い物してしまう散財タイプの方は、**じっくり選んで買うこと**を大切にしてみましょう。

・迷ったときに「両方買う」のではなく、必ずどちらか一つを選ぶ
・ささやかな物でも、時間をかけて吟味する
・買うかどうか、1日置いて考えてみる
・「なくなるかも」という不安があっても、一旦立ち止まる

・買うか買わないかで迷ったら、まずは「買わない」を選択してみる

2 節約を楽しむ

節約を「貧しいこと」「みじめなこと」と捉えがちな人は、自分に合った方法を見つけてみましょう。ポイントは**「楽しむ」**こと。

・「1週間○○円で生活」など、目標を決めてチャレンジ
・ポイ活をする
・節約できた金額、貯金できた金額に注目してみる
・お金を使わない「ノーマネーデー」を決めてみる

3 貯金優先の体験

とくにこれまでほとんど貯金してこなかったという方にやってみてほしい

バンジーです。**3カ月や半年など期間を決めて、毎月決まった額を必ず貯金してみましょう。**

今までは「お金が余ったら貯金」だった方。散財タイプの場合、ほとんどお金が余ることがないので、一向に貯金は貯まりません。考え方を、**「先に貯金、残りを使う」**に変えてみてください。

これは単なる行動の変更ではありません。「私にも貯金できるんだ！」という体験や、増えてゆく口座残高を見る喜びを体験してほしいのです。

意外にも、貯金を優先しても、そんなに質素な生活にはならないことにも気づくはずです。

4……お金以外の価値提供を試みる

とくに、罪悪感で人におごったり、プレゼントをしてしまう方にやってほしいバンジー。

申し訳ない気持ちや、自分をもっと好きになってほしいという思いを抱いたとき、それを**お金やプレゼント以外の方法で表現**してみましょう。
・自分との会話を楽しんでもらう
・相手への気遣いを示す
・楽しい場所を紹介する、美味しいお店を教えるなど情報を伝える
・予約を引き受ける、幹事をするなど相手のための行動をする

これらは小さな一歩かもしれません。でも、自分の価値はお金だけじゃないということを実感する、大切なステップになるはずです。

よく贈り物をする人でも、純粋に人が悦ぶことが自分の悦びで、見返りを求めていない場合、このバンジーは必要ありません。

掘り下げてみて、「自分の価値のなさをお金や物で埋めようとしているな」と感じた方だけ、試してみてください。


散財タイプの人は「私なんて、どうせダメだから」「どうせ私なんかが目

標達成できるわけがないから」といった思いが強い人が多く、そんな自己肯定感の低さが、お金の価値観にも影響しています。

「節約なんかしたって私がうまくお金を貯められるわけないよ」

「自分は稼げないから旦那さんに稼いでもらうしかない」

というように……。

そのマインドでいる限り、お金は入ってきません。

だからこそ、自分の意思でお金を貯めるとか、自分の意思でお金を稼いでみるというような、自分でちゃんと「私、生きていけるんだ」「お金も生み出せるんだ」といった強さを手に入れることが必要です。

「散財タイプ」のマインドのバンジー

今のようなお金の使い方になった原因にアプローチするマインドのバンジー。**相手を巻き込むので、かなり勇気が必要**です。でも、その分、効果は抜群。新しい自分に生まれ変われるアクションです。

散財タイプのマインドのバンジーは、**自分のお金に対する価値観の原因となった張本人に「本当の意図を聞きに行く」**ということです。

事前に、その相手への思いをノートに書き出し、その張本人に「本当にそうだったの？」と聞いてみましょう。

・「どうせあなたはできないって言ったのは、私のことが憎かったから？」
・「お金は人をダメにするって、お母さんはどうしてそう思うようになったの？」

・「お金は汚いものだって、お父さんはどういう思いで私に言っていたの？」

など。ここで大切なのは、**相手は必ず何らかの愛から、このような言動をとっていた**ということ。

私たちは言われた言葉だけを受け取りがちですが、その言葉は言った人の思い込みでしかありません。大切なのは、その背景にある「こんなトラブルに巻き込まれないように」「こんなふうに育ってほしかった」という思いや愛情に気づくことです。

もし直接当事者に会えない場合（亡くなっている、絶縁状態であるなど）は、親のような役割を果たしてくれている人に話を聞いてみるのも一つの方法です。たとえば、お母さんのような存在の上司に。お父さんのような存在のパートナーに。

・「私、親からこういうことを言われていたんですが、どうしてだと思いますか？」
・「あなたが子どもにこんなセリフを言うとしたら、どういう気持ちで言うと思いますか？」
といった感じです。もしそういう存在の人もいない場合は、イメージの中で当事者に伝え、当時の自分がほしかった言葉をかけてもらってもＯＫ。潜在意識はイメージの中の出来事でも、しっかり感情を味わえば変えられます。

「そこに悪意はなかった」という前提を持つ

このバンジーを実行する前に、大切な心構えがあります。

それは、**「悪意を持ってそれを言ってきた人はいない」という前提を持つ**こと。まずは「仮に愛があったとしたら」という仮説を立てられるくらいの状況になってから実行すること。

最初は「なぜこんなひどいことを」「どういう意図だったの？」という怒

りや疑問が出てくるのは自然です。とくに傷が深い人は「やっぱり私は嫌われている」「愛されていないから」という思いから抜け出せないこともあるでしょう。でも、その感情のままでは建設的な対話は生まれません。

「仮に」という前提で考えてみてください。

「もしも愛していたとしたら、なぜこう言ったんだろう？」「自分が親だったら、どういう思いでこんなことを言ってしまうだろう？」という仮説を立ててからバンジーをすることで、感情的になりすぎずに済みます。

また、バンジーは**相手を変えることが目的ではない**ということも覚えておいてください。

これは「自分の本音を伝える」という、自分に対するアクションです。

ドラマのように、相手が泣いて謝って、和解のハグ……といった展開は、実際にはあまりありません。

相手が望む答えを言ってくれなくても、望む変化を見せてくれなくても、

あなたが自分に対して誠実に向き合えたということが大切なのです。

むしろ、相手への期待はしないで、「変わってくれたらラッキー」くらいの気持ちで。**自分の気持ちを大事にして、言いたかったことを伝えられた自分を認めてあげること。**

それだけで魂は悦び、不思議とその後の現実が動き始めます。

タイミングを逃さないことも大事

このバンジーをするときは、事前の掘り下げをしっかりと行い、できるだけ自分の心が整理された状態で臨むのがコツ。でも、「完璧なタイミングまで待とう」と思っているうちに、5年、10年と経ってしまうこともあります。その間に、相手と話せない状況になり、バンジーしたくてもできなくなってしまうこともある。

だからこそ、「次のお正月に」「次の誕生日までに」など、期限を決めて自分の掘り下げを行い、**ある程度のスピード感を持って行動**することをおすすめします。また、

・何度でもチャレンジしていいが、最初の1回がとくに大切
・1回目の対話で深い本音までしっかり伝えられるよう、準備を万全に
・自分の感情をちゃんと相手に伝えられたら、それだけで十分な成果

ということも覚えておいてください。

このバンジーは、まさに飛び込むような勇気が必要だと思います。でも、自分の感情をちゃんと相手に伝えられたとき、魂が悦ぶような感覚を味わえるはず。

それこそが、ブロックが外れた証。相手が変わらなくても、その後不思議とお金が入ってきたり、現実が動き始めたり。

あなたの人生が豊かになっていくことを実感できるはずです。

「貯金魔タイプ」の行動のバンジー

貯金魔タイプの人は、「何かあったときは自分で解決するために貯金する」という考え方が強い人たち。だからこそ、変化を起こすには、意識的に今までと違う行動を選ぶバンジーが必要になります。

目指すべきは「人にうんと頼れる」状態。「最悪お金に困っても、私は誰かに助けてもらえる」くらいの気持ちにならないと、なかなか不安は消えません。

1……日常的な行動を変える

このタイプの人は何かとお金を基準に考えがちです。だからこそ、まずは**「お金のことを考えるのを一旦やめよう」という意識で、毎日の習慣を少し**

変えてみましょう。

・値段を見ずに買い物をする
・口座残高やお財布の中身を確認しない
・家計簿をつけているなら、一時的にやめてみる
・QR決済やカードで気軽に支払う
・貯金を優先する習慣から、使う額を優先する発想に切り替える
・思い切って3カ月は貯金しないと決める

たとえば私の場合、貯金魔だった頃は給料の1／4を貯金しながら「お茶を買うお金がない」と言って水道水を飲んでいました。そういう身についた節約グセも意識しないと手放すことができません。

2……買い物の決断を変える

貯金魔タイプの人は「迷ったら買わない」が習慣なので、あえて次のような選択をしてみましょう。

・どちらを買おうか迷ったら意識的に両方買ってみる
・「本当はほしいかも」という気持ちに正直になる

「貯金魔タイプ」の人は無駄遣いしない習慣が身についているので、このような行動をしてもそこまで極端な散財には走りません。むしろ、定期預金や資産（お金以外も含めて）はあるのに「現金がない」と思い込んでいるケースの方が多いのです。

3……最も重要なバンジー：お金を借りる

これは行動とマインド、両方に関わる大切なチャレンジです。

とくに「何かあっても誰も助けてくれない」と思っている人、お金はあるのに恐怖心や孤独感で苦しんでいる人、人に頼ることへの抵抗が強い人、「追い詰められないと人に頼れない」と思っている人にはぜひ実践してほしいバンジーになります。

このバンジーをいつ実行するか。そう考えると、このタイプのほとんどの方が「本当に困ったら借りよう」と思うでしょう。

明日が家賃の支払日なのに、口座に1円もない……そんなところまでいって、ようやく人に頼める。でも、それ自体がブロックなんです。

そこまで追い詰められる前に、人に頼ることも必要です。 まだがんばれる、でもその段階で助けを求めることも、大切なバンジーになります。

私も、不仲だった親に「お金を貸して」と言うバンジーをした経験があります。

もともと「絶対にお金は貸さないからね」と言っていた親でしたが、私がお金を貸してほしいと頼んだら、驚くことに希望額以上のお金を貸してくれました。お願いした金額は15万円。貸してくれたのは20万円でした。

この経験から「もしかしたら親は冷たく見えて、ちゃんと私を愛してくれていたのかも」というマインドに変わった途端、不思議なことに翌日から仕事の依頼が途切れなくなり、お金にまったく困らなくなりました。借りたお金も一切使わずに返すことができたんです。

◇実践のポイント

お金を借りる相手は、親・きょうだい・友人など誰でも構いません。ただし、消費者金融はおすすめしません。いつもと同じように自力で解決してしまうのは、このバンジーの本質とずれてしまうからです。借りる金額は100円や1000円などではなく、**借りるのが怖いと感じる額を借りたほうが効果は高い**です。

タイミングは、極限状態まで待たずにやりましょう。 つまり、お金がまだある状態で借りるということ。すごく抵抗が出ると思います。でも、だからこそ大事なバンジーなんです。

このタイプの方は、普段から真面目でストイックな人が多いもの。だからこそ、「お金を貸して」と言うと、周りは真剣に心配してくれることが多いです。ギャンブルもしない、無駄遣いもしないあなたが困っているなら、きっと本当に大変なことがあるんだと。そのときの周りの対応できっと気づくはずです。

「私って頼れないだけで、実はみんなに愛されていたんだ」と。

もちろん、断られる可能性もあります。その覚悟を持って、「貸してほしい」と頼みましょう。1人、2人に断られても諦めず、貸してくれる人が現れるまで実践してみてほしいです（5人くらいまではがんばってみましょう）。

たとえ断られても、貸してくれる人が見つからなくても、それは必ずプラスになります。

まず、**「お金を貸して」と言えた自分を認められる**ということ。多くの場合、断るにしても優しい断り方をしてくれると思います。「支払いが苦しいなら、こんな制度もあるよ」とアドバイスをくれたり、「お金は貸せないけどお米なら送れる」など、違う形でのサポートを提案してくれたり。

このバンジーの本質は、お金を借りることそのものではありません。**誰かを頼れる自分になること、「何かあっても、私は大丈夫」と思える自信を育てること。**それこそが、この挑戦の真の目的なのです。「行動のバンジー」ではありますが、マインドまで大きく変わります。

近年、振り込め詐欺などが増えていて、SNSなどでお金を貸してほしいと頼むと、詐欺ではないかと勘違いされてしまう可能性があります。できれば、直接会ったり電話をしたりして、お願いするのがよいと思います。

「貯金魔タイプ」のマインドのバンジー

貯金魔タイプの人のマインドのバンジーには、大きく分けて3つのアプローチがあります。それぞれが、これまでの自分の在り方を大きく変える挑戦となります。

1……頼ることを学ぶ

とくに**「絶対に頼りたくない」「迷惑をかけたくない」と思う相手に、あえて何かを頼んでみる**のがバンジーです。これは、早くから自立を強いられてきた人や、幼いうちから親のような役割を担わされてきた人にとって、大きなチャレンジとなります。

親から「頼るな」と言われ続けてきた経験があると、多くの場合、「自立を促されている」とは捉えられなくなります。むしろ「親は私を助ける気がない」「親は私のことが好きじゃないんだ」という思い込みになっていることが多いのです。

親が自分に頼りすぎて、子どもの頃から親代わりをしなければならなかったというケースも。親の不在が多く、小さい頃からきょうだいの世話をするなど、お母さんのような役割を担わされてきた方も少なくありません。

2……「今」に集中する

未来への不安が強いタイプなので、**現在の自分の気持ちに焦点を当てる練習**をします。

・「今、私は何を食べたいの？」
・「今、私はどうしたいの？」
・「お金が1億円あったら、私はどちらを選ぶ？」

など。最後の「1億円あったら」の項目は、つい値段を見て安いほうを選びそうになったときに「1億円あったら、どちらの服を買う？」「1億円あったら、私は格安航空会社を選ぶ？」といった考え方で選択してみます。

普段は値段を基準に選んでいることが多いはずなので、純粋に自分の気持ちで選ぶ練習をしていきます。

3……「子どもに返る」という大きなチャレンジ

「本当は親にこういうふうに甘えたかった」という気持ちを、今さらながら伝えてみるというバンジーです。親との距離感にもよりますが、これはかなり勇気がいりますよね。このタイプの人は、甘え下手で小さなお願いもなかなかできない傾向があります。だからこそ、あえて、今さら伝えるというのがポイントです。

・「子どもの頃、お祭りで本当はわたあめがほしかったんだよ。お母さんが『高いよね』って言ったから、ずっと言い出せなかった」
・「雨の日の塾で、みんな親が車で迎えに来ていたけど、私だけ傘をさして一人で歩いて帰っていた。本当は迎えに来てほしかった」

相手が忘れているような、ささいなことでもいいのです。それを実際に言葉にして伝えていく。できるなら、今からでも、実際にわたあめを買ってもらってもいいですし、送り迎えしてもらってもいいと思います。

◇実践のポイント

多くの貯金魔タイプの人は「しっかり者」を演じてきました。それを手放していきましょう。

「無理です」「できません」「苦手です」と正直に言うこと。本当はしっかり者ではなかった自分を自分で認めるだけでなく、周りとの関係の中でも出していく。

また、長女や長男としての「らしさ」に縛られてきた人は、本当は妹や弟のように甘えたかったことや、頼りたかった気持ちを認めてみる。

今までと反対に妹や弟に「これできない」「やって」と言ってみる。「本当は自分はこう言いたかった」という気持ちを実践してみましょう。


また、親に対しても「本当はこうしてほしかった」を伝えていきます。
・「お父さんに認められたくて、いい子を演じてきた」
・「妹や弟だけじゃなく、私のことも見てほしかった」
・「（お母さんが子どものような人だった場合）もっとお母さんらしく、しっかりしてほしかった」

散財タイプとの決定的な違い

散財タイプのバンジーでは、「仮に愛があったとしたら」と相手の気持ちを推し量ることが重要でした。しかし、貯金魔タイプの場合は逆。むしろ**「変に相手を理解したり思いやったりするのを一旦置いておく」**ことが大切です。

なぜなら、このタイプの人は普段からずっと考えすぎていて、「親も大変だったから仕方ない」というように悟ってしまいがち。そういう理解や思いやりは、その人のよさではあるものの、ここでは置いておくほうがいいのです。

純粋に自分の気持ちだけに焦点を当て、ある意味「自己中」になって、相手の都合を考えずに伝える。それが、このタイプの人にとっての大きなバンジーとなります。

ただし、これも事前にしっかりと掘り下げをしてから行うことが大切。でも、考えすぎて先延ばしにしないようにしましょう。

これができたとき、お金との関係だけでなく、親との関係も、そして人生そのものも大きく変わっていくはずです。

先ほどもお伝えしましたが、貯金魔タイプの方の不安の正体は「お金があるかないか」ではありません。

本当の不安は「私は一人ぼっちかもしれない」「誰にも助けてもらえないかもしれない」「何があっても自分だけで何とかしなければならない」といった深い思い込みや恐れにあります。

そのために「お金がないという不安」を引き寄せてまで、自分をがんばらせようとするのです。しかし、その思い込みがある限り、たとえ貯金が何億円あったとしても、その不安は消えません。

なぜなら、本当の望みは「安心したい」だから。「私は一人じゃない」「大丈夫、何かあったら誰かが助けてくれる」と心の底から感じられる状態を目指しましょう。

バンジーに「失敗」はありません

ここまで読んでいただいて、「バンジー、できるかな……」と不安になった方も多いのではないでしょうか。

お考えの通り、**バンジーは怖いもの**です。

私も毎回、実行するときは「嫌だな……」という気持ちになります。でも、**「こんなに嫌だということは、きっとすごいことが起こるんだろうな」という期待も同時に生まれてくる。**

その嫌な気持ちこそが、何か大きな変化が起きる予感なのです。

「バンジー」という言葉を選んだのも、高いところから飛び降りるアクティビティのように、実行するときは怖いけれど、やってみると意外と大丈夫、むしろ楽しい！ という体験に似ているからかもしれません。

でも、これまで何度もバンジーに挑戦してきた私は、一度も「やらなければよかった」と思ったことはありません。それは、**バンジーには本当の意味での失敗がない**からです。

まず、絶対にできないと思っていたことができた時点で、結果がどうであれ大きく自己肯定感が上がります。そして、ほとんどの場合、想定外の素晴らしい反応が起こるのです。バンジーのあとには、まさに奇跡といえるようなことが起こるので、私はこれを「1バンジー1ミラクル」と呼んでいます。

以前は、私にとって奇跡は人生で一度や二度しか起きない特別なものだと思っていました。でも、バンジーを知ってからは違います。

自分のタイミングで、自分の好きなだけ奇跡を起こせる。

それは**「ミラクル起こし遊び」**のような、スリリングで楽しい体験になっていきます。

たとえば、私が親にお金を借してほしいとメッセージを送ったときのこと。親の最初の返事は「借用書を書いてもらうよ」でした。

期待していた「大丈夫？」「何があったの？」といった優しい言葉も、心配もなく、そのときは深く傷つきました。でも数週間後、実家に行くとお金がテーブルに置いてあったんです。

「借用書を書いてもらうよ」という言葉は、実は「貸してあげるよ」という即答だったのです。ただし、「お金は計画的に使いなさい」というメッセージも込められていた。あとからそれに気づきました。

また別のバンジーをしたとき、私はそれが原因で詐欺に遭い、全財産を失ったこともあります。そのときはとてもつらかったけれど、失うものがなくなったおかげで「好きなことをして生きてやる！」という強い気持ちをもたらしてくれました。そのときに生き方を大きくシフトチェンジしたことで、スピリチュアルの道に入ることになった。どんな経験も、必ずどこかで「豊かさ」や「幸せ」につながっていくのです。

失敗したように見えるときも、長い目で見ることが大切。即座にハッピーエンドを迎える人もいれば、少し時間がかかる人もいます。

でも不思議なことに、時間がかかる人のほうが、最終的なハッピー度は高くなる傾向があります。大きなミラクルが起こるには、少し時間がかかるのかもしれません。

目指すは「中立タイプ」という理想形

散財タイプも貯金魔タイプも、バンジーを重ねていくと、理想的な「中立タイプ」に近づいていきます。それはどんな状態かというと、

・ほしいものには惜しみなくお金を使える
・必要のないものにはお金を使わない
・結果として、贅沢もできるし貯金もできる
・自分に自信があり、何かあれば誰かが助けてくれると信じている

・安心してお金を使える、使うときも怖くない
・苦しくなく、自然にお金が貯まっていく
・純粋に人を悦ばせるためにお金を使える
・使ったお金が循環して、また戻ってくる
・「私はお金に困らない」という安心感がある

これらは、**散財タイプと貯金魔タイプの「いいところ」を混ぜ合わせた中立タイプの特徴**です。両者のいいところを兼ね備えるのが、最高のバランス状態なのです。

貯金も大事、使うことも大事。本当の豊かさは、その両方があってこそ。気兼ねなく使いながら、お金もちゃんと貯まっていく。「お金は怖い」「お金はなくなってしまう」といった思い込みから解放されると、自然とこの理想的な状態に近づいていきます。

第3章　まとめ

○**「お金は使えば返ってくる」の本当の意味**

・ストレス発散や見栄、自暴自棄などで使ったお金は返ってこない

・お金が返ってくるのは、「悦び」のエネルギーと一緒に循環するときだけ

○**お金のブロックの「タイプ」を見極めよう**

・「散財タイプ」と「貯金魔タイプ」では、お金の使い方が正反対

・「ブロック外し」や「バンジー」の方向性が大きく変わるので、自分のタイプの見極めが大事

○**「行動のバンジー」と「マインドのバンジー」**

・お金のブロックは100％ダミー。親との関係性など別のブロックが隠れている

第4章

お金は悦びと共に
やってくる

―― 本当の稼ぎ方の秘密

「豊かさ」はお給料をもらうことだけじゃない

世の中では「豊かさ」というと、自分の力でたくさんのお金を稼ぐことだと思われがち。でも、それは豊かさのほんの一面でしかありません。

パートナーのサポートをすることが幸せで、その結果としてパートナーがよく稼いでくれる人。昔からお米や野菜をたくさんもらえるから、あまりお金で困らない人。**人それぞれ、豊かさの形は違います。**

人には得意な分野があります。ダイレクトにお金を稼ぐのが得意な人もいれば、必要なものを引き寄せるのが得意な人も。意識していなくても、周りの人を成功に導く才能を持つ人もいます。

これらはすべて、豊かさの一つの形。一つの才能に特化している人もいれば、いくつかの才能を併せ持つ人もいます。

でも今の社会では「たくさんお金を稼がないと豊かじゃない」という思い込みが強すぎるように思います。

その結果、すでに十分豊かなのに「私は豊かじゃない」と悩んでいる人が多いのです。**もっと幸せを感じていいのに、それを自分に許せない。そんな状態の人をよく見かけます。**

「稼ぐ」というのは、必ずしも入ってくる金額だけではありません。

たとえば、

・買い物で割引してもらえること（半額で買えたら、その分のお金をもらったのと同じ）
・補助金をもらえること
・何かを免除してもらえること

など。そもそも、ご家族も含めて入ってくるお金がゼロだったら、この本を買っていただくことは難しいですよね。本を読める環境があることって、とても恵まれていることだと思います。

この本を誰かから借りてくださっているとしても、本を貸してくれる人がいるのは恵まれていることです。

消費税や所得税と聞くと、「払いたくない」「損している」というような気持ちになってしまう人もいますが、実は、ほとんどの人は受け取っている額のほうが大きいのです。多くの人は、払っている以上のものを社会から受け取っているといわれています。

本当に「払いすぎ」なのは、所得税で半分近く取られるような富裕層の人たち。でも私たちは、引かれるほうにばかり目がいってしまいがちです。

広い意味で豊かさを感じられる人のほうが、実はお金の本質を掴んでいる。だからこそ、さらにお金も入ってくるんです。

逆に、視野が狭くて「私は豊かじゃない」とこだわっている人は、実際に自分が持っているもの、すでにあるものにも気づけず、結果として不幸になっていってしまう。

まずは、**あなたの周りにある豊かさに気づく**ところから始めてみませんか？

考え方一つで、見える世界はこんなにも変わるのです。

3つのタイプ別「お金の入り方」チェックリスト

豊かさにもいろいろな種類があること、実感していただけたでしょうか。

ここで、あなたがすでに持っている、豊かさの傾向をチェックしてみましょう。

次の3つのタイプのチェック項目を読んで、自分に当てはまると思うものにチェック☑を入れてみましょう。

どのタイプに一番多くチェックがつきましたか？　チェックが多くついたものが、あなたが持つ豊かさの傾向です。

豊かさの傾向には中立タイプもあるので、同じ数だった場合は、どちらにも当てはまると考えてください。

自分でお金を得る「稼ぎ屋」タイプ

□今月もお給料をもらえた／自分の商品やサービスが売れた
□少しずつでも収入がアップしている
□1年以内にボーナスや手当などをもらえた
□本業以外でお金が得られた
□フリマアプリに出品したものが売れた
□知り合いを手伝って、謝礼をもらった
□株や投資信託などの運用で資産が増えている

豊かさを受け取る「棚ぼた」タイプ

□何かおまけをもらったり、量を増やしてもらうことがよくある
□買い物で何かを割引してもらった
□最近、支払わなくて済んだお金がある
（例：マッサージの延長料金をおまけしてもらったなど）

□ 自分はいつも周りの人に助けられていると思う
□ 奢ってもらえることが多い
□ 差し入れや手土産をもらうことがよくある
□ 周りの人から、必要なものをもらえることが多い

周りを豊かにする「あげまん」タイプ

□ 自分の周りの人の収入が上がったり、出世していく
□ 自分と関わる人の仕事が決まった
□「あなたといると運がよくなる」と言われたことがある
□「あなたがいると空気が明るくなる」と言われたことがある
□ 楽観的で前向きなタイプだ
□ パートナーが買ったもので、自分の生活が豊かに（便利に）なっている
□ パートナーが稼いでくれるおかげでいい暮らしができている

「稼ぐ」の定義を変えてみる

「稼ぐ」というと、ダイレクトにお金を稼ぐことを指すことが多いですが、ここでお伝えしたいのが、**「自分でお金を得ること」も「豊かさを受け取ること」も「周りを豊かにすること」もすべて「稼ぐ」と呼んでよい**ということです。

「私は稼げない」と思っている人も、豊かさを受け取ったり、周りを豊かにしたりして、稼いでいるのだということを覚えておいてください。

「働きたくない」と悩んでいる人へ

お金を稼ぐことの本質って、実はとてもシンプル。

誰かの役に立ったり、誰かを悦ばせたりして、その対価としてお金をいただくこと。それだけなのです。

「こんなに嫌な思いをしているのに、これっぽっちの給料しかもらえない」

「これだけ我慢しているのに、なぜ給料が上がらないの？」

こんなふうに考えている人は多いでしょう。

でも、実は**あなたの我慢した量とお給料は何の関係もない**のです。

一方で「これだけ会社の役に立っているのに、どうして給料が上がらないんですか？」という質問なら、払う側も「確かに」と検討する余地があるかもしれません。

でも、あなたがどれだけ我慢したかは、誰も評価してくれない。だとしたら、我慢する意味も、嫌なことをする意味もないですよね。

実は、**人を悦ばせたい、感謝されたいという欲求は、人間の本質的な欲求**です。自分の価値を感じたい、その価値を活かしたいという気持ちも、誰もが持っている。

愛を循環させたいという願いは、私たちの本能ともいえます。

大体の人は働きたいんです、本当は。

だから本当の意味で「働きたくない」という人は、実はそれほど多くないはず。でも、みんなが「働きたくない」と思ってしまうのは、「働く」という概念を間違って捉えているから。

それは要するに**「嫌なことはしたくない」「我慢はしたくない」「つらいことから逃れたい」という気持ち**ですよね。

確かに、人の役に立とうとするとき、ある程度の努力は必要です。相手が望むことを叶えるために、少し睡眠時間を削らなければならないかもしれない。少し面倒なことをしなければならないかもしれない。

でも、それが「あの人を悦ばせたい」「人の役に立ちたい」という自分の本質的な欲求と結びついているなら、苦しいだけではないはず。

相手が心から悦んでくれて、その悦びを自分もうれしいと感じられるなら、多少無理をしてでもがんばりたくなるもの。

それが人間の自然な姿なのです。

だから、もし今「仕事がつらい」「稼ぐことに嫌なイメージがある」と感じているなら、その考え方を少し変えてみませんか？

「働きたくない」という人の多くは、

・働くことよりも早起きや通勤が嫌
・仕事内容ではなく人間関係が嫌
・好きではない仕事を選んでいる
・不得意なことをやっている
・これに意味があるのかな、と疑問に思う仕事をさせられている
・誰も悦んでいないことをやらされている
・もっと自分のやり方でやりたいのに、合わないやり方を押しつけられている

つまり、本当は「働きたくない」のではなく、別のところに「嫌だ」の本心があるのです。

お金を稼ぐことの本質をもう一度捉え直すこと。

それが、より自然に、より楽しく働ける第一歩になるはずです。

「やりたいことを仕事に」を叶える考え方

「やりたいことを仕事にする」という言葉が、近年のワークスタイルのテーマになっていますね。

でも、その本質を理解するには、まず「稼ぐ」ことの定義を広げる必要があります。

先ほどお話ししたように、人は必ずしも直接的にお金を稼ぐだけでなく、豊かさを受け取ったり与えたりすることで「稼いで」います。そして誰もが持っている「人の役に立ちたい」「誰かを悦ばせたい」という本質的な欲求。

この二つの視点から「自分は何をしたいのか」を考えていくと、本当の意味での「やりたい仕事」が見えてくるはずです。

実は、マインドを変えるだけで、仕事自体を変えなくても大きな変化が起

こることがあります。

「お客さまを悦ばせるのが好きだから、この仕事を選んでいたんだ」と気づいたり、「苦手な上司の嫌味に耐えるためにやっているわけじゃなかった」と発見したり。あるいは「満員電車が嫌だ」と思っていたのに、「早起きして空いている電車に乗れば解決する」という単純な解決策に気づいたり。

興味深いことに、「嫌なことに耐えること＝仕事」だと思い込んでいると、潜在意識が「そうか、嫌なことをしなければいけないんだな」と受け取ってしまいます。すると、上司の嫌味ばかりが気になったり、わざわざ混んでいる電車に乗ってしまったり、嫌なところにばかり目がいってしまう。

そんな悪循環に陥りがちです。

でも、考えてみてください。私たちは普段、お金をもらわなくても、好きな人に尽くしたり、子どものために何かしてあげたり、友だちにプレゼントを贈ったりしていますよね。

人の役に立つことや、誰かを喜ばせることは、私たちの日常的な行動なのです。なのに、なぜか「仕事」になった途端、マインドががらりと変わってしまう。

「そもそもお金をもらわなくたって、これはやりたいことなんだ」

この視点に立つだけで、仕事の捉え方は大きく変わります。

やりたいことを仕事にするというのは、必ずしも劇的な転職や起業を意味するわけではありません。むしろ、今の仕事の中に「やりたいこと」を見出す。あるいは、今の仕事を「やりたいこと」として捉え直す。

そんなマインドの転換こそが、本当の意味で「やりたいことを仕事にする」第一歩なのかもしれません。

「仕事」で夢を叶えるワーク

今の仕事が自分に合っているのか、またはどんな仕事が合っているのかがわかるワークをやってみましょう。
ノートを用意して、次の質問への答えを書いてみてください。
途中で気になることが出てきたら、「掘り下げ」をするのもいいでしょう。

Q1

今の仕事のことは一旦忘れてください。そもそもあなたが、「仕事」を通して実現したいことはなんですか？　何を人に与えたいですか？

たとえば、人に感謝されたい、自分の才能を活かして人助けをしたい、○○を通して人を豊かにしたいなど。「こういう感じでお金をもらえたら最高！」と思うことを書いてみましょう。

Q2

小さい頃、どんなふうに働きたいと思っていましたか？　また、初めて就職活動をしたときに、思い描いていた仕事像はどんなものでしたか？

たとえば、周りの人から尊敬されるような働き方をしたかった、世界的に有名になるような仕事がしたかった、どんどん出世して会社に貢献したかったなど。

Q3

今の仕事で、Q1とQ2で書いたことが実現できている部分はありますか？　あるとしたらどんなことでしょうか。どんな小さなことでもいいので、できるだけたくさん書き出してみましょう（仕事をしていない人は家族など周りの人に対して実現できている部分があるか書いてみましょう）。

たとえば、お客さんに「ありがとう」と言ってもらえる、取引先に感謝される、後輩に頼りにされる、家族のお弁当づくりで喜んでもらえるなど。

一つでもあれば、あなたはすでに自己実現ができているということでもあります。もし、思い浮かばないという場合でも、会社に勤めていれば何かしらの貢献はしているはずです。

この質問の答えは、実はとっても大事なこと。ぜひ、**「望み出しノート」（38ページ参照）に書いて、いつでも見返せるようにしておきましょう。**

たとえば仕事で嫌なことがあったときなどに見返すことで、「嫌な上司のために仕事をしているんじゃなかった。お客さんのために働いているんだった」など、自分が大事にしていることを再確認できると思います。

Q4

Q3で書いたことをもっと広げていくとしたら、できることはなんでしょうか？

お客さん一人ひとりに合わせた会話をする、業界リサーチをしっかりする、後輩とのコミュニケーションをもっととるなど。

今の会社や働き方ではこれ以上広げられないと感じるなら、転職や働き方を変えることも選択肢に入ってきます。これから転職活動をする際には、Q3の答えができるだけ増やせる会社、働き方を選ぶことがポイント。

今、仕事をしていない方も、これから仕事を探す際には大いに役立つと思います。たとえば接客業の面接を受けるとしても、「生活のために仕事をしたいです」というマインドでいるより、「お客さんを悦ばせたいです」というマインドで臨んだほうが採用率は上がるでしょうし、楽しく働くことができます。

仕事が楽しいと、ご褒美がいらなくなる？

仕事で感じる「楽しさ」は、休日に遊園地ではしゃぐような楽しさとは少し違います。でも、それは決して劣る楽しさではありません。むしろ、もっと本質的な悦びかもしれません。

仕事における「楽しさ」とは、自分が誰かの役に立てていると感じられること。感謝されること。自分の価値を認めてもらえること。

こういった体験は、実は人間の本質的な欲求を満たしてくれるものです。この本質的な悦びが満たされていると、不思議なことが起こります。少々の我慢も「我慢」とは感じなくなる。苦手なことをこなさなければならなくても、それほど苦にならない。

「ありがとう、すごく助かりました」

「あなたのおかげでプロジェクトが成功しました」

そんな言葉一つで、それまでの苦労が吹き飛んでしまうのです。

そうなると、必然的にストレス発散のためにお金を使う必要もなくなっていきます。「がんばったね、お疲れさま」という自分へのご褒美は残るかもしれません。でも「これくらいのご褒美がないとやってられない」というような**自暴自棄的なお金の使い方はしなくなる**のです。

それどころか、
「仕事を通して私は満たされて幸せなのに、さらにお金までもらえて、このお金でこんな美味しいものが食べられて、どれだけ幸せなんだろう」
そんな感覚に変わっていく。

お金を稼ぐことが、こんなにも幸せで楽ちんなことだったのかと気づく。
このループに乗ると、お金は自然とザクザク入ってくるようになります。

散財してストレスを発散したくなるときって、何か腑に落ちないことがあるときです。納得できていないのに、やらなければいけないと思い込んでいるとき。元々はやりたいことがあって入社したのに、それが叶えられていないい。いくらがんばっても誰からも感謝されない……。

そんな状況では、すでに叶っていることや実現できていることまで、目に入らなくなってしまいがちです。

大切なのは「働きたくないのに、なぜ働かなければいけないのか」というストレスから解放されること。「働きたくて働いているんだ」と思えるだけで、ストレスは激減するはずです。前項のワークが、その道標になってくれますので、ぜひじっくり取り組んでみてください。

同じ嫌なことをやっていても、「私は納得して、この嫌なことも含めてやりたいと思っているんだ」という意識があれば、全然違います。

自分を納得させてあげることで、自暴自棄的なご褒美はいらなくなっていく（ただし、心からの納得であること。言い聞かせるのとは違います）。

そうして、入ってくるお金は増え、出ていくお金は減っていくという本当の豊かさのループが始まります。

仕事の楽しさと人間関係は直結する

職場の人間関係が原因で会社を辞める人は、実に多いのが現状です。とくに「自分の意見が通らない」「職場にわかってもらえない」という悩みを抱える方が目立ちます。

「仕事だから」と割り切って、不満や違和感にふたをしている方も少なくありません。

でも、考えてみてください。もしそれが家族やパートナーとの関係だったら、もう少し違う対応をするはずです。「この人、話が通じないな」で終わらせるのではなく、「ちゃんと話を聞いて」と伝えたり、もう少し踏み込んでコミュニケーションを取ろうとするはず。

ところが仕事となると、「別に私が選んで一緒に働きたいと思ったわけじゃない」「仕事だけの関係だから勤務時間中だけ我慢すればいい」と、すぐに諦めてしまいがち。

仕事という名目があると、立場やさまざまな理由でコミュニケーションを避けることを正当化してしまう。それが職場の人間関係を悪化させる大きな要因になっているように思います。

ノーといえる働き方を

でも、職場の人間関係は仕事の楽しさに直結しています。だからこそ、次のような一歩を踏み出す勇気が必要なのです。

たとえば、上司に言われてやっていることが、無駄だと感じているとき。

「この業務、別のやり方をしたほうが効率よくできると思うのですが、一度その方法を試してみてもいいですか？」

後輩指導で悩んでいる場合も同様です。

「できると言ったのにできないじゃないか」と問い詰めるのではなく、「どういうところで、できなくなってしまうんだろう」「私が怖くて『できる』としか言えなくなっているのかな」など、踏み込んで対話を試みる。

評価に不満があるなら「私は評価される仕事をしているつもりですが、何か足りないでしょうか」と上司に直接聞いてみる。

実際、仕事がうまくいっている人の多くは、このような「伝える」「コミュニケーションを諦めない」という姿勢を徹底しています。

私の組織では「ノーを言える人」しか採用しないと決めています。

その結果、みんな積極的に意見を言ってきます。

「これだけの価値を提供しているので、報酬を1・5倍にしてもらえたらモチベーションが上がります」

「あの作業でこれくらいコスト削減できたので、ボーナスをもらえませんか？」

などなど。彼らの意見に「確かにそうだな」と思えば、もちろんお給料を上げています。

彼らに共通しているのは、仕事に対して「ノーストレス」だということ。適正な評価を受け、報酬も上がっていく。私自身、ノーを言うのは苦手なタイプなので、そんな彼らを心から尊敬しています。

結局のところ、職場の人間関係を良好に保つ秘訣は、「仕事だから」と妥協せず、むしろ「仕事だからこそ」しっかりとコミュニケーションを取ること。それが、働く悦びを見出す近道なのかもしれません。

仕事への不満を消し去る掘り下げ&バンジー

ここで、仕事に対してストレスを抱えている人に、やってみてほしいワークをご紹介します。今の仕事について、自然と「掘り下げ」ができる内容になっています。

ノートを用意して、次の質問への答えを書いてみてください。

Q1 今の仕事で我慢していること、納得できないことはなんですか?

たとえば、上司の◯◯さんが苦手だ、がんばっているのに評価されないのが嫌だ、満員電車が疲れる、朝の朝礼が面倒だなど。

思いつくものをいくつ書き出してもOKですが、Q2からは、その一つひとつに対して答えを書いていきましょう(最後までいったら、Q1で出た他の答えも同様にワークしていきましょう)。

Q2

Q1で書いたことに対して、自分が思っている本音を書いてみましょう。

たとえば、上司の○○さんがもっと部下の話を聞いてくれたらいいのに、正当に評価される組織になってほしい、フレックスタイム制を認めてほしい、朝礼の頻度を減らしてほしいなど。会社や誰かに対する不満や愚痴ももちろんOK。

ここは本音で書くことが大切なので、いい人を演じる必要はありません。感情があふれてきたら、ノートの別のページに書き殴っていきましょう。

Q3

Q2で出てきた本音を相手（上司など）に伝えるとしたら、どんなふうに伝えますか？

たとえば、「○○部長、チームの成績をもっと上げるために、私の話を聞いてもらえませんか？」「私は昨年、このような成績を上げましたが、評価されないのはなぜでしょうか」「公私のバランスをとりながら生産性を上げたく、フレックス制を検討していただけないでしょうか」など。

実際に今、伝えなければならないわけではありませんので、「伝えるとしたら」という仮定で書いてみましょう。

よく、上司は頑固だから言っても無駄だ、うちは大企業だから仕組みが変えられないなど、最初から伝えることを諦めてしまう人がいますが、**ここではあくまでイメージなので、諦めずに、本音を伝える言葉を考えてみましょう。**

「辞めてもいい」と思うと無敵になれる

そして、ここからが「バンジー」です。

Q3で書いた内容を、実際に相手に伝えてみましょう。かなりの勇気がいりますよね。でも、今の職場でかなり不満がたまっている、もう辞めたいくらいストレスがある、という方には、とくにおすすめします。

「言っても何も変わらない」という声が聞こえてきそうですが、ダメ元でも伝えることに大きな意味があります。このバンジーの目的は、相手や組織を変えることではなく、自分の気持ちを伝えること。

「伝えて変わらなかった」のと「伝えなかった」のでは、その後の気持ちが大きく変わってきます。

「こんなこと、怖くて言えない」

そう思う方も多いでしょう。でも、「もう辞めようかな」と考えているなら、あなたは今、最強の状態にいるのです。

確かに上司に改まって話をすることや、社長室のドアをノックすることは、とても緊張する行為です。でも、辞めることも視野に入れているあなたは、「クビになったらどうしよう」という恐怖から解放されているはず。

つまり、**今のあなたは無敵**なのです。

ここでバンジーできなかったら、たぶん一生できないかもしれない。
今が自分にとって、一番言いやすいとき。
そう考えて、ぜひ勇気を出してみてください。

第4章 まとめ

○ 豊かさの定義を考え直そう

・「稼ぐ」とは、直接的にお金を稼ぐことだけでなく、周りから受け取ること、周りを豊かにすることも含む

・人それぞれ、得意・不得意がある。自分の傾向をチェックしよう

○ 本当はみんな、働きたい

・「働きたくない」という人は、多くの場合別のところに「仕事が嫌」の本心がある

・誰かを悦ばせることは、人間の本質的な悦びである

・「好きなことを仕事に」は必ずしも転職・起業を伴わない

・なぜこの仕事を選んだか、思い出してみるともっと自分らしく働ける

・仕事だから……と人間関係を諦めない。それがストレスなく仕事をするコツ

第5章

一生ものの豊かさをつくる

――毎日の小さな選択

「老後が不安」の向こう側に見えるもの

「将来が不安でたまらない」
「老後の資金、どうなるんだろう」
そんな声をよく耳にします。年金受給開始年齢の引き上げ、受給額の不透明さ。年金だけでは十分な生活を送れない可能性が高いことは、誰もが感じているでしょう。

実際、私の周りを見渡しても、老後をのんびり過ごしている人は多くありません。何らかの形で働いていたり、活動を続けている人がほとんど。これは時代の流れなのかもしれません。

でも、ここで視点を変えてみましょう。

確かに年金が十分でないという消極的な理由もありますが、高齢者がより元気になっているのも事実。むしろ「何もしないのはヒマだから」「人と関わりたくて」といった理由で働いている方も少なくありません。

つまり、「老後はゆっくり」という考え方自体が、もう現実的ではないのかもしれません。とくにリモートワークが広まってきた今、年齢を重ねても働き続けられる環境は広がっています。

これから先の数十年で、働き方はさらに大きく変わるでしょう。

年齢による採用の制限も、おそらく緩和されていくはず。人手不足が深刻化する中で、「年齢」にこだわっていられる時代ではなくなってきています。体が元気な限り、一生働く時代――それは必ずしもネガティブなことではないと私は考えています。

ただし、これは従来型の「現役サラリーマン」のような働き方を一生続け

るという意味ではありません。それは体力的にも精神的にも無理がありま
す。むしろ、年齢を重ねたからこそできる、新しい形の「働き方」が生まれ
てくるはずです。

朝9時から夕方6時までといった拘束時間にとらわれない、より自由度の
高い働き方、年齢を重ねたからこそできる仕事に挑戦する人も増えていくの
ではないでしょうか。

子育てが一段落した方が、その経験を活かして子育て支援の仕事を始め
る。長年の夢だった子ども食堂を開く――今までの感覚では「その年齢で新
しいことを?」と思われるかもしれません。

でも、これからの時代、「実は昔からやりたかった」という夢に、何歳か
らでもチャレンジできる。**そんな自由な生き方が一般的になっていく**と思う
のです。

不安の原因は「何もしないこと」

興味深いことに、「老後が不安」と口にする方ほど、具体的な行動を起こしていないことが多いです。そういう方ほど、「国がなんとかするべき」という他人任せの思考に陥りがちです。

でも、人は**「何もしないとき」が一番不安になる**もの。

とくにつらいのは、「30年後の、どうしようもないことで不安になる」こと。でも、これは意識の問題です。

意識的に生きている人は「未来のことを考えれば不安になるのは当たり前」と受け止められます。それを「時代が悪い」「日本が悪い」と考えてしまうと、自分には何もできないという諦めにつながってしまうのです。

だったら、できることから始めてみませんか？
ＮＩＳＡやｉＤｅＣｏについて調べてみる。長く続けられる働き方を考えてみる。副業や投資で収入を増やせる方法を考えてみる。そんな小さな一歩を踏み出すだけでも、不安は確実に減っていきます。

老後の不安を小さくするには、二つのアプローチが必要です。

①意識面での取り組み（考え方を変える）
②実際にできることをやってみる

とくに女性の場合、結婚や子育てで諦めてきたことが多いはず。でも、それは逆にいえば、これからチャレンジできる可能性がたくさん残されているということ。男性は仕事一筋で来た反動で「老後はのんびりゴルフ……」という方も多いですが、女性は新しい仕事や趣味にチャレンジする方が多いように感じます。

ワクワクの純度は足りている？

「ワクワクすることにお金を使いましょう」

この言葉を聞いて、「そうしたいけどお金が足りない」とため息をつく方は多いでしょう。でも、ちょっと立ち止まって考えてみませんか？

そのワクワク、本当にあなたの心から湧いてきているものでしょうか？

誰かのブランドバッグを見て「ほしい」と思う。でもそれは、一時的にその人を見て、それが買えない自分をみじめに感じただけかもしれません。SNSで見た誰かの暮らしと自分を比べて、「私もあんなふうに」と思う。でも、それは本当のワクワクとは少し違うかもしれないのです。

もう一つ気をつけたいのが、とくに散財タイプの方に多いのですが、**「ワ**

「ワクワクすることにお金を使う」と言いながら、実は日常の中で関係ないところにお金を使いすぎているケース。

本当にワクワクすることだけにお金を使っているのか、正直に自分に問いかけてみると、意外な発見があるはずです。

だからこそ提案したいのが、「ワクワクしたものにしかお金を使わない」という意識です。消耗品を選ぶときでさえ、「どちらのトイレットペーパーのほうが、ちょっとでもテンションが上がる？」くらいの意識で選んでみる。

24時間ずっとこれを続けるのは疲れてしまうかもしれません。でも、とくに自分を変えたいと思う時期は、お財布を開けるたびに「これ、本当にワクワクする？」と自分に問いかけてみるのがいいかもしれません。

私自身の経験をお話しすると、昔は日用品は迷わず一番安いものを選んでいました。卵や牛乳など、他にどんな種類があるかも見ていなかったくらい。

でも今は違います。ティッシュの箱の色でさえ、「今の気分に一番合うのはどれかな」と考えるようになりました。

ただし、これは「全部高いものを買えばいい」という意味ではありません。卵も最上ランク、牛乳も最上ランク、ティッシュも一番いいものとなると、それはそれで散財になってしまいます。

大切なのは、自分にとって何が本当にワクワクするのかを知ること。ティッシュに特別なワクワクを感じないなら一番安いものでよい。でも、美味しい卵かけご飯が食べたいと心から思うなら、そのときはいい卵を選ぶ。

このように、**自分のワクワクに正直になって、メリハリをつけた使い方をしていく。**それこそが、本当の意味で「ワクワクすることにお金を使う」ということなのです。

ちゃんとアクションしていますか

「ブロックを外したはずなのに、お金が入ってきません」

こんな声をよく耳にします。でも、ブロック外しを一生懸命やっているだけでは、実は不十分なのです。

行動してもうまくいかない……その場合は、ブロックが問題なのかもしれません。でも、**そもそも行動していない場合、うまくいかないことがブロックのせいなのかどうかさえ、実はわからない**のです。

ブロックとは、潜在意識がつくりだすものだとお伝えしました。つまり、心の問題です。心に原因があるために行動できない――。それは間違っていません。

でも、メンタルを変えたからといって、すべてが楽になるわけではありません。できなかった行動をするときは、やはり怖いものです。

ブロックを外す前と違うのは、「怖いけど、なんとかできる」「怖いけど、自分を奮い立たせられる」という変化が起きること。

決して「全く怖くなくなる」わけではなく、猛烈なやる気が湧いてくるわけでもなく、「前よりは、やっても大丈夫」と思えるようになる、それくらいの変化なのです。

多くの人が勘違いしているのは、「心を変えるだけで何とかなる」「ブロックを外したら勝手に自分が動き出す」「誰かがお金を持ってきてくれる」というくらい、変化が勝手に起こると考えていること。

でも、ブロックを外しても、最後は自分で行動を起こさなければなりません。

そして、その行動は「バンジー」となるはずです。

なぜなら、ブロックを外すためには、今までと違う行動をする必要があるから。**同じ行動を続けていては、変化は起きない**からです。

それは恐怖や不安を伴うバンジーです。

私がずっとお世話になっているパーソナルトレーナーの先生がおもしろいことを言っていました。

「スピリチュアルが好きな人って、ブロック外しだけで自分を変えようとするよね。体って運動しないと変わらないのに」

確かに、ダイエットで考えるとわかりやすい。**いくらメンタルを変えても、食生活や運動習慣を変えなければ、体は変わりません。**

なぜブロック外しだけで何とかしようとしてしまうのか。

おそらく、スピリチュアル思考な人は「ブロック外し」や「潜在意識」を、一種の裏技や近道だと考えているのかもしれません。
「他の人はまだ気づいていない特別な方法」「魔法のような引き寄せの法則を使えばうまくいく」という思い込み。

でも、結局は行動を起こさなければなりません。それはコツコツと続ける必要があり、毎日の筋トレと同じくらい地道なもの。バンジーを実行するのも勇気がいる。つまり、決して魔法のようなものではないんです。

メンタルと行動、どちらも大切。そのバランスがとれたとき、最短ルートの道がひらきます。
あなたは、本当にアクションを起こしていますか？

自分にとってベストな価格帯を見つける

お金持ちの人を観察していて気づいたことがあります。

彼らは**「お金をかけるところ」と「かけないところ」がとてもはっきりしている**のです。本当にかけないところは徹底的にかけず、かけるところには惜しみなくかける。その判断基準が明確です。

私は以前、貯金魔タイプとして、すべてに「お金をかけない」を選択していました。反対に、散財タイプの方は「とりあえずかける」を選びがち。

でも、どちらのタイプも、飛びっきりテンションが上がるもの以外の優先順位が、意外とわかっていないことが多いのです。

たとえば、「緑茶とトイレットペーパー、どちらが優先度が高い？」「カバンと靴、どちらにお金をかける？」と聞かれて、すぐに答えられる人は少ないでしょう。

実は、「かける・かけない」という二択ではなく、**「これにはこの程度かける」という基準**が大切なのです。

たとえば服なら、高価なものを少数厳選する人もいれば、シーズンごとにトレンドを楽しみたい人もいる。同じ「服」でも、一着にかけるべき金額は変わってきます。

自分がワクワクするもの、苦にならないものを見極めていく過程も重要です。服選びで試着が苦手な人なら、自分のサイズを把握して試着なしで買える工夫をする。

「めんどくさいから適当に」ではなく、自分なりのシステムをつくる。お金持ちの人が細かいのは、そういうところなのです。

私自身、自分にとってファッションのベストな価格帯を見つけるために、いろいろな実験をしてきました。

高級ブランドからファストファッションまで。

そうして気づいたのは、自分には中間くらいの価格帯が一番フィットするということ。

また、食事なら、高級コース料理からワンコインのランチまで、いろいろと試してきました。

そこには、思わぬ発見が。「味さえよければいい」と思っていた私が、高級店で初めて上質なサービスを受けて、その価値に気づいたり。静かな空間で、隣の席との距離があるだけで、料理がより美味しく感じることに気づきました。

こうした探求は今も続いています。

完璧な答えを出す必要はありません。むしろ、**時間をかけて自分のちょうどいいところを探っていく過程そのものに意味がある**のです。

とくに大切なのは、お金を使うことに迷ったとき、なぜ迷うのかを「掘り下げ」てみること。

たとえば、友人が発売した商品。「私も買うね！」と言いつつ、いざ買うときになって躊躇してしまう自分に気づいたとき。

そのときの自分の気持ちを掘り下げてみると「もしもその商品がよくなかったときに、その子のイメージが悪くなってしまったらどうしよう」という気持ちが隠れていることがわかりました。

でも、さらに考えてみると「商品が好きじゃなくても、その子のことは嫌いにならない」とわかった。

商品代として見れば高く感じるかもしれない。でも友人を応援する気持ちのプレゼントと考えれば、決して高くない。そう考えたら、気持ちよくお金を払うことができました。

このように、**固定観念から離れて、自分がなぜお金を出そうとしているのか、何に迷っているのかを見つめ直す。**そうすることで、より正しくお金を循環させることができるようになります。

結局のところ、一番大切なのは「納得して払う」こと。

それは値段の高低ではなく、あなた自身の心が決めることなのです。

日常にバンジーを

あなたは、お金に関してどんなクセをお持ちですか？
それを知ることから、自分に必要なバンジーが見えてくるかもしれません。

私の場合、典型的な貯金魔タイプでした。お財布の中身を常にチェックし、「今いくらあるかな」と気にしてしまう。ATMでお金を下ろすときは口座残高が減ることがつらく、支払いのときは財布の中身が減ることに心が痛む。そんな毎日でした。

だからこそ、「残高を気にしない」バンジーをすることにしました。
「現金をあまり持たない」という選択をすることで、それが実行できています。

今はクレジットカードやQR決済など、さまざまな支払い方法がありま
す。「残高を気にしない」というバンジーが、以前より格段にやりやすくなったんです。

現在の私は、さらに一歩進んで「値段を見ないで買う」というバンジーにも挑戦中。これが意外な発見につながりました。値段を見ないで買っても、お金は意外となくならない。それどころか、値段を見て買っていたときよりもストレスが減っているんです。

振り返ってみると、以前の私はエネルギーの使い方を間違えていました。どのショッピングサイトのポイント還元率が高いか、送料が安いのはどのサイトか……。

そんな細かい計算に膨大な時間とエネルギーを費やしていたのです。

今は少しずつ、バランスのよい中立型に近づいているように感じます。

一方、散財タイプの方なら、逆のバンジーが効果的かもしれません。一つひとつの値段をしっかり見て、残高を確認しながら買い物をする。最初は面倒に感じるかもしれませんが、続けているうちに必ず慣れてきます。

むしろ、お金が増えていく悦びを感じたり、節約をゲーム感覚で楽しめるようになったり。お金と向き合うこと＝ストレスではなくなってくるはずです。

大切なのは、**日常の中で少しずつ試行錯誤しながら、自分とは逆のタイプのよいところを取り入れていく**こと。逆のタイプの人とお金の話をしてみるのも、新たな発見があっておもしろいかもしれません。そうすることで、あなたの暮らしは確実に、でも自然に豊かになっていくはずです。

第5章 まとめ

○ **老後が不安……との向き合い方**

・働き方の自由度が増している時代。老後に夢を叶えることだってできる

・不安を口にする人ほど何も行動していない。できることから行動するうち、不安も薄れていく

○ **自分のワクワクに正直になろう**

・好きなことにお金を使えないのは、別のところでお金を使っているから？

・誰かのマネでなく、自分にとって何が本当にワクワクするかを知る

・安いものも高いものも、一つずつ試して自分にとっての適正価格を探る

○ **ブロックを外しただけでは、現実は変わらない**

・ブロック解除は裏技でも抜け道でもない。行動するのは自分自身

おわりに

変化は、すでに始まっている

本書では、お金の使い方には「散財タイプ」と「貯金魔タイプ」の2タイプ、豊かさを受け取るのは「稼ぎ屋タイプ」「棚ぼたタイプ」「あげまんタイプ」の3タイプがあることをお話ししてきました。

あなたはどのタイプでしたか？

また、心の奥にどんなブロックが隠れていることに気づきましたか？

私たちが目指すべきは、自分の価値観やクセをよく知り、自分に合ったお金の使い方や稼ぎ方をすること。でも、いきなりすべてを変えられなくてもいいんです。

大切なのは、少しずつでも理想に近づいていくこと。

それは、「掘り下げ」で自分の心と向き合い、「バンジー」で新しい一歩を踏み出すことで実現していきます。


散財タイプの方は、ほんの少し立ち止まって考えることから。

貯金魔タイプの方は、ほんの少し思い切ってみることから。

その小さな積み重ねが、やがて大きな変化を生み出していくのです。

買い物をするとき、「これを使っている私はどれくらい幸せかな？」と立ち止まれるようになる。

友だちと食事に行くとき、「少し高いけど心が満たされて幸せ」と罪悪感なく楽しめるようになる。

通帳を見て、貯金額が増えていくことに悦びを感じられるようになる。

ほしいものを買うときに、私は私を悦ばせてあげられていると感じられるようになる。

変化は、きっと日常の小さなところから始まります。そんな小さな変化の一つひとつが、あなたがお金持ち体質に近づいている証なのです。

これは決して魔法のような変化ではありません。むしろ、あなたの中に本来備わっていた力が、少しずつ芽を出していく過程なのです。

「お金のことを考えると胸が締めつけられる」という感覚が、いつの間にか「お金って、案外優しいものかもしれない」という感覚に変わっていく。

そんな変化を、私はこれまで何度も目にしてきました。

あなたにも、必ずその変化は訪れます。

今日のあなたと明日のあなたで、望む豊かさの形が変わることもあるでしょう。でも、より自分らしく、より自由に、お金とつき合える関係は必ず築けます。

それは決して遠い理想ではなく、一歩一歩の積み重ねで必ず実現できるものなのです。この本を最後まで読んでいただいたあなたは、すでにお金持ち体質に近づいていています。

KIKO

KIKO

現実主義スピリチュアルカウンセラー。ロジカルな解説がスピリチュアル系の中で一番現実的でわかりやすい！と口コミで広がり、チャンネル登録者11万人のYouTuber。予約受付開始5分で3カ月先まで埋まってしまう、予約の取れないカウンセラー。500名在籍のオンラインサロンオーナー。証券会社勤務・エステサロン起業・海外移住などを経験し、元アンチスピリチュアルだからこそできる、地に足のついたメッセージが好評。現在は書籍、雑誌、テレビ、ラジオなどのメディア出演他、スピリチュアルの枠を超えて歌手やモデルなど活動の幅をさらに増やしている。主な著書に、『「風の時代」は好きなことで稼ぐ〜私のままで輝くためのチューニング法〜』『マンガでわかる　ハイパー守護霊さんが教えてくれた 覚醒するための30のルール』（ともにKADOKAWA）、『潜在意識とつながる超実践法　全部叶う「新しい私」の教科書』（大和書房）などがある。

オフィシャルHP　https://kiko-sp.com/
YouTube　https://www.youtube.com/c/KIKOchannel11
X　twitter.com/youtuberKIKO
Instagram　https://www.instagram.com/spirit_kiko/

STAFF

デザイン・DTP　澤田由起子（アレンスキー）
校閲　聚珍社
編集協力　明道聡子（リブラ舎）
編集　花本智奈美（扶桑社）

面白いほど願いが叶い
お金持ち体質になる超実践術

発行日　2025年3月4日　初版第1刷発行

著　者　KIKO
発行者　秋尾弘史
発行所　株式会社 扶桑社
〒105-8070
東京都港区海岸1-2-20　汐留ビルディング
電話　03-5843-8843（編集）
03-5843-8143（メールセンター）
www.fusosha.co.jp

印刷・製本　タイヘイ株式会社　印刷事業部

　ISBN978-4-594-09839-1